Erhard Baur

Primitae typographie Spirenses,

oder Nachrichten von der ersten und berühmten Drachischen

Buchdruckerei in der Reichs-Stadt Speyer

Erhard Baur

Primitae typographie Spirenses,
*oder Nachrichten von der ersten und berühmten Drachischen Buchdruckerei in der
Reichs-Stadt Speyer*

ISBN/EAN: 9783743686069

Hergestellt in Europa, USA, Kanada, Australien, Japan

Cover: Foto ©ninafisch / pixelio.de

Weitere Bücher finden Sie auf **www.hansebooks.com**

PRIMITIÆ
TYPOGRAPHICÆ SPIRENSES,

Oder

Nachrichten

von
der ersten und berühmten
Drachischen

Buchdruckerey

in der
Reichs-Stadt Speyer
und

denen in dem XVten bis zu Anfang des
XVIten Seculi daselbst
gedruckten merckwürdigen Büchern,
Wie auch dem ersten und raren
Speyrischen Neuen Testament

Mitgetheilet
von
Erhard Christoph Baur,
der Reichs-Stadt Speyer Raths-Confu-
lenten und Syndico.

Speyer,
Verlegts Joh. Heinrich Zeuner, 1764.
Franckfurt, bey Joh. Friederich Fleischer.

Denen

Hoch= und Wohl=Edlen, Ehrenvesten

Fürsichtigen, Hoch= und Wohlweisen

HERRN

Burgermeistern

und

Rath

Wohl=Löblicher

des Heiligen Reichs Freyen Stadt

Speyer,

Meinen großgünstig Hochgeehrtesten
und Hochgebietenden Herren.

Hoch= und Wohl=Edle,
Ehrenveste, Fürsichtige, Hoch=
und Wohlweise,

Großgünstig Hochgeehrtest und
Hochgebietende Herren!

Unter die rühmliche Veran=
staltungen, welche Euer
Hoch= und Wohl
Edel ꝛc. Regiments=
Vorfahrere bereits in denen ältesten
)(3   Zei=

Zeiten, durch ihre Canzley, vorkeh=
ren laſſen, gehören ins beſondere, die
genaue und ordentliche Einträge und
Verzeichniſſe, aller von Jahr zu Jahr,
den Rath beſeſſenen Regiments=Per=
ſonen, nach ihren verwalteten Aemtern
und der ſo oft allhier vorgegangenen
Regierungs=Form, wovon zwey voll=
kommene Codices, aus denen Jahrhun=
derten und von ſelbigen Zeiten an, als=
balden man auf hieſiger Canzley alles
ſorglicher aufzuzeichnen angefangen
hatte, bis auf die Franzöſiſche Zer=
ſtörung dieſer Stadt a. 1689. übrig

ge=

geblieben und von dem Brand errettet worden sind. Es unterhalten diese ein schätzbares Angedencken, von so vielen rechtschaffenen und vor das gemeine Stadt-Wesen ehedem sich so hoch verdient gemachten Männern und Regenten, und eine angenehme Nachlese und Aufmunterung vor die Nachkommenschaft, um sich, bey dem Antritt der Raths-Ehren-Stellen, durch getreue und unermüdete Sorgfalt, in denen ihnen anbefohlenen Aemtern bey Unserm Allerdurchlauchtigsten Ober-Haupt, allergnädig-

)(4   stes

ses Wohlgefallen, und auch ihrer an-
vertrauten Bürgerschaft, Ehre und
Lobes, gleich deren Vorfahren zu er-
werben. Aus diesen ist nun auch, der
hiesige erste und vornehme Buchdru-
cker, weyland Herr Peter Drach
gewesen, von deme gegenwärtige Ab-
handlung verfasset habe, und welcher
sich durch die erste dahier angelegte
vortreffliche Druckerey und daraus
erschienenen vielen und durchgehends
sehr raren Büchern, den billigsten
Nachruhm erlanget, und wohl ver-
dienet hat, Ihn und seine hierunter

ver-

erwendete Bemühungen der Vergeß-
inheit zu entziehen: benebens er sich,
während seiner bis gegen dreyßig Jahr,
ekleideten Raths-Stelle und Aem-
er, nach Ausweiß derer Acten zu vie-
n, damahlen vorgewesenen wichtigen
Verrichtungen wohl gebrauchen lassen.
Ich habe dahero den Anlaß genom-
nen, dieses aus denen, in der Abhand-
ung berührten, Ursachen in den Druck
egebene kleine Wercklein, Euer
Hoch- und Wohl-Edel ꝛc. zuzu-
ignen, indeme schicklich und schuldig
u seyn ermessen, bey Denenselbigen

das

das Andencken eines ehemaligen vor-
nehmen Mitgliedes des Speyerischen
Raths, von neuem zu erwecken, da
nicht alle die Zeit und Gelegenheit ha-
ben, wegen sonderen Personen, auß
dem Alterthum, in denen, in dem
Archiv, zerstreueten Stücken, sich um-
zusehen, in selbigen aber von dessen
Verdiensten bey denen Gelehrten, we-
gen der vielen von ihme gedruckten
merckwürdigen Büchern, sich gar
nichts vorfindet, als welches an ei-
nem andern Ort, nemlich in denen
mit der Raths-Bibliothec in dem

Brand

Brand aufgegangenen Catalogis, an=
utreffen ware. Ich bin auch, einer
ochgeneigten Aufnahm, dieſer meiner
Unterſtändniß, um ſo mehr verſichert,
als dieſelbe bereits, vor etlichen Jah=
ren, einige wenige, wegen ihrer Sel=
enheit nicht leicht zu habende Bücher
Drachiſchen Druckes in ihre Raths=
Bibliothec, erkauffen laſſen und in ſel=
bigen das Andencken ihres ehemaligen
Raths = Freundes zu erhalten befliſſen
ſeyn, auch nach Vermögen trachten
werden, ſo viel deren noch zu erſtehen
wären, in ſelbige zu bringen, zu wel=
chem

chem Ende gegenwärtige deren mögli=
che Verzeichniß, ihren künftigen Biblio=
thecariis, dienlich seyn kan. Dann
Euer Hoch= und Wohl=Edel
und deren Seel. verstorbenen Vor=
fahren, nach Wiedererbauung dieser
Stadt, der Ruhm gebühret, daß Sie
neben getreuer Verwaltung des Ærarii
und bestrittenen mancherley schweren
Kosten: auch grösten Theils von sich
gewälzten aus denen vorigen Seculis,
und vor der Zerstörung, überbliebenen
Schulden=Lasts, in ihr neugebautes
schönes Raths=Haus eine gute Biblio=
thec

ꝛec angeleget, und die Wände des
ꝛoſſen Raths-Saals nicht mit Ta-
ꝛeten, ſondern ſolchen durchaus, mit
ꝛon Büchern und ſtattlichen Werckern
ꝛngefüllten und ſauber ausgearbeiteten
ꝛobilen Käſten, gleich ihre daran ſtoſ-
ꝛende Raths-Stube, mit denen in
ꝛebens-Gröſſe gemahlten Bildniſſen,
ꝛller von Zeit der Wiedererbauung
ꝛhrer Stadt glorwürdigſt regierten
ꝛayſern, ausgezieret haben, worü-
ꝛer alle Fremde ein Vergnügen bezeu-
ꝛen. Und wie glücklich würden Sie
ꝛſt geweſen ſeyn, wann die übergroſ-
ſe

se Außlagen für Kriegs- und durch
andere Reichs-bekannte Schickſaale,
Ihnen zugefallene Koſten, nach ihren
wohlgemeynten Abſichten zu dem ge-
meinen Beſten verwendet werden, und
damit eine völlige Erhohlung erfolgen
können, die nun abermahlen, biß auf
beſſere Zeiten, außgeſetzet verbleiben
muß, und von der Göttlichen Vorſe-
hung unter dem Schutz Unſers Aller-
gnädigſten Kaysers und Herren
zu verhoffen ſtehet. Welches am En-
de ſeiner ſieben und dreyßig jährigen
dahieſigen Dienſtzeit, annoch zu erleben
und

nd ben zunehmenden Flor dieser
Stadt und Bürgerschaft anzusehen,
unter erbittender großgünstiger Auf-
ahm dieses geringen Opusculi und
ernerer angelegentlichen Empfehlung,
u Dero biß anher erzeigten vielen
Bewogenheit, grundmüthig anwün-
chet, auch zugleich in ohnablässiger
Beeifferung zu allen angenehmen
Menstgefälligkeiten, mit der jeder-
eit schuldigst dargelegten, und wäh-
nd meiner Tage also fortsetzenden

Ehr-

Ehrerbietigkeit und Hochschätzung

beharret

Euer Hoch- und Wohl-Edel ꝛc.

Meiner großgünstig Hochgeehrtesten
und Hochgebietenden Herrn

Speyer, den 2. May
1764.   gehorsamster
                Erhard Christoph
                        Baur.

Cele-

Celebrium Typographorum eadem esse
& notitia & *memoria* debet, quæ Viro-
rum doctorum. *Morhof. in Polyhist.*
Tom. 1. *Libr.* 1. *Cap.* 7. *num.* 37.

Ich habe im Jahr 1756. das Leben
des Stadt Speyrischen Ge-
schichts-Schreibers, weiland
Herrn Christoph Lehmanns, zu
Franckfurt am Mayn, in Verlag Herrn
Johann Friederich Fleischers, zum Druck
gegeben, und darinnen diesen gelehrten
Mann, nach allen seinen getragenen Wür-
A   den,

den, zuerst also beschrieben, in welchen der=
selbe, vorhero, niemanden bekannt gewesen
ist: Auch aus so vielen gelehrten Anzeigen,
vergnüglich entnommen, daß diese Lehman=
nische Lebens=Nachrichten eines allgemei=
nen Beyfalls gewürdiget worden.

Nun sind gegenwärtige, zu gleichem
Endzweck verfasset, um das Angedencken
eines andern, zu seiner Zeit berühmten und
bey denen Gelehrten beliebt gewesenen
Manns, nehmlich des ehmaligen Stadt=
Speyrischen Rathsherrn und ersten Buch=
drucker allda, **Peter Drachen,** aus der
Vergessenheit zu ziehen, und seine grosse
Verdienste um die Gelahrheit, durch dessen
aufgerichtete, ansehnlich und so viele Jahre
unterhaltene Druckerey, näher zu veroffen=
baren. Dann obwohlen dieser Name der
ersten Sammlung derer Reichs=Abschiede
vor= und denen aus dieser Druckerey gekom=
menen Büchern, meistens nachstehet, mithin
so unbekannt nicht geblieben, desselben auch
von dem Maittaire in annal. Typogr. p. 83.
bereits ad a. 1477. gedacht wird; ist dan=
noch dieser Officin und deren Urheber, die
sonst wohlverdiente Ehre, gleich seinen
Landsleuten denen Buchdruckern zu Vene=
dig, Johann und Jacob Wendelin, Gebrü=
deren

eren von Speyer nicht wiederfahren, daß
Peter Drach unter die Zahl derer vornehm=
ten Buchdruckern gesetzt worden wäre, als
welchen, allenthalben, aus deren Verzeich=
niß, wie bey dem Joh. Alb. Fabricio in Bibl.
Latina Tom. & cap. ultimo, dem Göttli=
hen Geschencke der edlen Buchdruckerey.
Erfurth 1740. 8vo p. 142. und andern, ge=
assen finde, zweifelsfrey, weilen die Menge
derer aus dieser Druckerey in dem XVten
Jahrhundert erschienenen vortrefflichen
Büchern, bishero niemand beobachtete,
welche doch an der gedruckten Bücher=Zahl
und Dauer, die Wendelinische zu Venedig,
weit übertroffen: obwohlen selbige etliche
Jahr eher als die Speyrische angeleget, aber
schon a. 1470. durch den Tod Johann Ven-
delini unterbrochen, von dessen Bruder Ja-
cob zwar fortgesetzt, alleine nicht länger als
bis a. 1473. getrieben wurde. Es kommt
auch ausser diesem noch so vieles bemer=
ckungs=würdige vor, welches Auswärtige
nicht wohl wissen können, und bisanhero in
schriftlichen Urkunden verborgen lage.

Diesem nach gereichet es allförderist der
Reichs=Stadt Speyer, zu einer nicht gerin=
gen Zierde und Ehre, daß in selbiger c. a.
1471. bey ihrem in dem XV. Sec. ohnehin

· A 2   noch

noch) geblüheten Zustand, neben denen da=
maligen fürtrefflichen Tücher=Fabriquen,
Färbereyen, und aus ihrer Gemarck gezo=
genen grossen Farben=Handlung, mit
Safflor, Färber=Röthe und Zwiebel=Saa=
men, wovon die meiste Felder angebauet
waren, von welchem aber zu Speyer kaum
das Angedencken übrig geblieben, und an
deren statt, in diesem Jahrhundert die Ta=
backs=Plantage gekommen ist, welchen man
für den besten im Lande hält, gar bald eine
der ansehnlichsten Buchdruckereyen an dem
Rheinstrom, angeleget worden, als in a.
1462. die grosse Veränderung mit der Stadt
Maynz sich zugetragen, und bey damaliger
Zerrüttung die Buchdrucker=Kunst=Ver=
wandte, in andere Städte Teutschlands und
ausser dem Reich sich begeben hatten, wel=
che das von Faust und Schöffer in Maynz,
bis dahin noch beybehaltene Geheimniß die=
ser edlen Kunst also verbreiteten, daß in de=
nen ersten 10. Jahren hernach, ausser
Straßburg, welche ohnehin schon ihren be=
rühmten Johann Mäntele bey sich hatte,
von welchem und denen ihme gefolgten
Buchdruckern daselbst, Herr Prof. Schœpf-
lin in seinen Vindiciis Typographicis
Cap. X. ausführlichen Bericht giebet, am
Ober=Rhein zu Colmar, Schlettstadt, Ha=
genau,

jenau, Worms, Oppenheim, unter diesen
aber zu Speyer, wohl zuerst, die Buchdrucker-
Pressen im Schwange giengen, deren
rühmliche Urheber die PeterDrachische Fa-
milie ohnstrittig gewesen, wobey jedoch zu
bewundern ist, daß in keiner Speyrischen
Chronic, von dem Anfang dieser allda an-
gelegten Druckerey etwas aufgezeichnet
worden, da doch in demjenigen MSCT.
dessen Herr Lehmann sich bedienet, weit
minder erhebliche Dinge vorkommen.

Ich ertheile hiebey eine noch niemand be-
wußte Nachricht, die weilen jedermänniglich
vermeynen wird, ob seye der Peter Drach,
unter dessen Namen die Speyrische Bücher
gedruckt zu sehen, eine Person gewesen, al-
lein es waren derer Peter Drachen, vier,
eines Namens, und Geschlechts in gerader
Abkunft: Als 1) Peter Drach der Vater,
2) Peter Drach, der Sohn und berühmte
Buchdrucker, von dem wir hier eigentlich
handlen, 3) PeterDrach, der Enckel, Buch-
drucker und Schultheiß zu Speyer, welcher
die Reichs-Abschiede herausgegeben, und
4) Peter Drach, der Urenckel, Canonicus
ad St. Guidonem dahier. Und hier, der
Zeit nach, müssen auch die Ausgaben ihrer
Bücher unterschieden werden. Der Va-
A 3 ter,

ter, nannte sich zum Unterschied seines da=
maligen Sohns, der **Aeltere.** Dann in
einer Schrift an den Rath, sein Sohn Pe=
ter Drach, dem Wort **Aeltere** eigenhän=
dig am Rand: Meynß Fatter Seligen,
beysetzte. Ob der alte Peter Drach die
Buchdrucker=Kunst auch erlernt, und mit
seinem Sohn in Gemeinschaft geführet ha=
be? Hiervon hat man keine Anzeige, dann
in allen, von a. 1477. und hernach gedruck=
ten Büchern nur von einem, welches der
Sohn unstrittig gewesen, Erwehnung ge=
schehen, und finde ich in dem einigen bey
Num. X. a. 1481. vorkommenden Werck,
welches in der Reichs=Stadt Memmingi=
schen Bibliothec sich befindet, da er sich Pe=
trum Drach Juniorem nennete, weiter zu
Speyer von seinem Vater wenig aufgezeich=
net, ausser daß die würdige und hochgelehr=
te Herr Florenz von Venningen und Herr
Valentin von Dürckheim, über dessen
Verlassenschaft die Erbs=Interessenten
vertragen haben, welches in denen 1480ger
Jahren, da er noch lebte, geschehen seyn
mag.

Es bleibt demnach der Peter Drach, Fil.
die Haupt=Person, die ich hier einführe, als
der erste Buchführer und Buchdrucker, des=
sen

en Officin so berühmt und bis zu End des
XV. und Anfang des XVIten Seculi, im vol-
en Gang gewesen. Er war ein gebohrner
Speyrer in der Zunft derer Münzer oder
Hausgenossen. Aus dieser Familie ist son-
der Zweifel, Herr Conrad Drach, Dechan
von St. Thoman zu Straßburg, entspros-
en, welcher in der Mitte des XVten Jahr-
hundert, diese geistliche Würde bekleidete,
von dem vielleicht herrühret, daß die
Drachen zu Speyer das Jus Patronatus bey
einer Caplaney dieses Stifts exercirten, und
ederweilen einen Caplan daselbst einsetzen
onnten.

Im Jahr 1477., in welchem sein erstes
in gegossenen Schriften abgedrucktes Buch
Num. 2. erschienen, ist unser Peter Drach
in den Rath zu Speyer gekommen, und in
Fastis Consularibus, zum Unterschied seines
Vaters: Peter Drach der Junge einge-
schrieben: Er verwaltete binnen 25. Jah-
ren alle Raths niedere und Ober-Aemter
bis zur Burgermeisterlichen Würde, starb
i. 1504. und hinterließ 3. Söhne: Peter
Drachen, der seine Druckerey und Buch-
handel fortführete, und Gerichts-Schult-
heiß zu Speyer von a. 1500. bis 1530. war:
Lic. Johann Drachen des geistlichen Ge-
richts-

A 4

richts Advocaten a. 1504. und 1518. Raths-
Advocaten. Sodann Thomam, welchen
er dem geistlichen Stand widmete, und ih-
me die Caplaney bey St. Thomæ Stift zu
Straßburg als Patronus conferirte, an
welchem er aber alles gedrängte Herzleyd
erlebete, so daß er und seine Frau, Ihn, in
ihrem a. 1503. errichteten Testament ent-
erbten, auch darinnen weitläuffig die Ur-
sachen sothaner Entsetzung anführeten, wel-
ches dieser und vieler anderer merkwürdigen
Umständen halber, unsern Nachrichten al-
les seines Innhalts hinten anzuhängen,
dem Leser nicht unangenehm zu seyn, ver-
hoffe.

Die Bücher, welche die ein halbes Jahr-
hundert fortgegangene Drachische Presse
verlassen haben, sind von nicht geringer Er-
heblichkeit, dann aus deren Verzeichniß zu
entnehmen, daß Peter Drach, die beste und
selbiger Zeit in allen Theilen der Gelahrheit
und Wissenschaften gebräuchlichste und in
Kirchen nöthige Bücher, die Medicinische
ausgenommen, theils von neuem, oder zuerst,
theils schon anderwärts ausser dem Reich
gedruckte auflegen lassen. Es wurden ih-
me von Orten her Bücher zu drucken zuge-
geschickt, wie aus Maynz a. 1497. selbst
be-

eſchehen, welches die daſige Abnahm der
Schöfferiſchen Preſſen anzeiget: womit er
bey denen Gelehrten in groſſes Anſehen
kam, welche ihme wegen ſeines wohl be=
ſorgten Drucks, Fleiſſes und Aufmerkſam=
keit, die gröſte Lobeserhebungen beylegten,
wie hie und da in denen folgend verzeichne=
ten Büchern zu finden iſt.

Er nennet ſich darinnen nur Civem Spi-
renſem, bis er in denen Raths=Aemtern
höher geſtiegen war, da er den Namen Vi-
ri Conſularis angenommen, nicht, ob wäre
er Burgermeiſter geweſen, ſondern weilen
in denen älteſten Zeiten alle Herren des
beſtändigen Raths, oder Dreyzehnere, das
Prædicat Conſules führeten, und die Bur=
germeiſtere Magiſtri Civium hieſſen, wel=
ches aber in dem XVten Sec. abgekommen,
da die Burgermeiſtere mehrentheils Cón-
ſulés genennt wurden: Hat alſo Peter
Drach die alte Weiſe noch beybehalten.
Weilen er zugleich Verleger und Drucker
geweſen war, auch zu Worms ſein eigen
Haus, eine darinnen völlig eingerichtete
Oeconomie und Verlag gehabt, gelangete
er zu einem anſehnlichen Vermögen: Aus
einem noch vorhandenen Inventario über
ſeine Kleinodien, Gold und ſilberne Gefäſſe,

A 5   Haus=

Hausrath, Bettwerck ꝛc. ersiehet man de=
ren Menge mit Verwunderung, von seinen
in der Stadt und andern Orten besessenen
unbeweglichen Gütern, Gülten und Capi=
talien nichts zu gedencken.

Er bezeugte aber auch mit seinem eigenen
Exempel: daß Guth Muth mache: dann
er auf jenes nicht selten trotzcte, besonders
in einem zwischen ihme und dem damaligen
Vicario der Dom=Kirche, Namens Johan=
sen Kempffin a. 1496. wegen einer Schuld=
forderung an letzteren, vorgefallenen merck=
würdigen Handels= und auf offentlichen
Strassen sich erhobenen Strittigkeit, wor=
über der Geistliche den Peter Drachen, vor
den subdelegirten Päbstlichen Richter Eu-
stachium Mönch nacher Worms citirete,
welcher Peter Drachen in eine Pön von
hundert und vierzig Gulden verurtheilte
und den Executorial=Brief, mit Bedro-
hung des Bannes, durch den geistlichen Ge=
richts=Procurator zu Speyer, Sebastian
Funckart, an die Dom= und Peter Drachen
Pfarrkirchen, anschlagen lassen, welchen
aber in Abwesenheit ihres Herrn vier von
dessen Buchdrucker=Gesellen oder Knechten,
wie man sie damalen genennet, in ein Haus
zurücke gejaget, und die angeschlagene Pro-
ceß

ceſs abgeriſſen haben. Dieſes alles hat der
Peter Drach gut geheiſſen, und als darauf
der Procurator ihme die Proceſs in ſeinem
Hauß unter Augen verkünden wollen, ant=
wortete er dieſem: Ob er nit wiſſe wer
Peter Drach ſy, Er ſy der Oberſten
einer im Rate, habe auch mercklichen
Anhange, Sy auch nit der mynſt von
der Narung und dz Ihme Sebaſtian
ſoliche Brieffe verkundet, damit habe
er wieder einen ganzen Rate gethan,
und es ſolte Ime nit geſchenckht oder
nachgelaſſen werden. Darnach ſolte
er ſich wiſſen zu richten. Und obe ich
Sebaſtian erſtochen es würden dan=
noch nit viel Pferde darum geſattelt,
er ſy ſyner Knecht nicht mächtig, obe
Ime Sebaſtian ſchon die vier Knecht
vertriebe, ſo hette er vier andere an der
ſelben ſtatte. Hierauf hat der Procura-
tor den Rath um Frieden und ihn vor Ge=
walt zu ſchirmen angerufen, welchen derſel=
be dem Peter Drachen auch gebotten, indem
er ſelbſt wiſſe, wie der Rath in dem Fall
zum Frieden und Schirme verbunden ſeye.
Allein

Allein er und seine Knechte wolten sich hie=
nach nicht fügen, und diese weigerten sich
Gelübde zu thun, dazu sagte Drach dem
Burgermeister Jacob Burckart: die
Knechte solten nicht geloben, Jme
müßte ehe syn Huß und alles, daß er
habe, daruff geen, Er wolt für sie steen,
er sagte auch zu gemeldtem Burgermeister:
Ich han alß viel alß ewer zwen.
Welches und anderes dessen Bezeugen ver=
ursachte, daß der Rath und Peter Drach
mit einander in Mißhelligkeiten verfielen,
worüber zwar des Handels mit dem Vica-
rio vergessen war, und findet man nicht, daß
des Päbstlich subdelegirten Richters Ur=
thel exequiret wurde. Allein die Irrun=
gen zwischen dem Rath und Drachen dauer=
ten fort, und dieser appellirte bey einer ih=
me angesetzten Geld=Strafe wegen seiner
heftigen Aufführung an das Kayserl. Cam=
mer=Gericht, den Ausgang aber er nicht
erlebet, dann er und seine Frau, nur 6. Wo=
chen von einander, in obgemeldtem 1504ten
Jahr das Zeitliche gesegneten.

Aus deren Erbfall der Sohn Peter
Drach, damaliger Schultheiß zu Speyer,
den Werckzeug zu der Druckerey gehörig
mit

nit etlichen Büchern für fünf und zwanzig
undert Gulden, erkauffet, und also, wie er
s selbst nennet, den Handel und Werg=
tatt, fortgeführet hat. Diesem nach
ind samentliche vor a. 1504. gedruck=
e Bücher von Peter Drachen resp.
Sohn des alten Drachen und Vatter,
es Schultheißen, diejenige nach die=
em Jahr aus Presse gekommene aber
on letztern gedruckt. Von dem jedoch,
iach Ausweiß der Verzeichniß, die Samm=
ung der Reichs=Abschiede in a. 1527. das
inige, welches mir unter dessen Namen
ind als Schultheiß zu Speyer vorgekom=
nen ist. Zu gewissem Merckzeichen, daß
ie 50. Jahr lang geblühete Drachische
Buchdruckerey zu Speyer ihren wandelba=
en Periodum erreichet, sintemahlen schon
or und um selbige Zeit, wegen der zu
Straßburg, Basel und Franckfurt aufge=
ichteten vielen und ansehnlichen Drucke=
eyen alle andere in denen vorbenannten
Städten an dem Ober=Rhein und bereits
jegen End des XVten Jahrhunderts auch
ie Maynzische oder Schöfferische einge=
jangen, und stille gestanden seyn. Selbst
ie Drachische Familie zu Speyer hörete
in

in der Mitte des XVIten Seculi auf zu flo-
riren, wenigſtens finde nur noch a. 1538.
Eitel Peter Drachen Sämmler des Creutz-
Altars im Dom-Stift und a. 1540. und
1542. in dem Raths-Buch), Hans Drachen,
neben deſſen Namen der Rathſchreiber no-
tirte: obiit a. 1542. fidelis & diligens in
ſuis commiſſis.

Ich ſchreite nun meinem Endzweck oder
der Verzeichniß aller derjenigen merckwür-
digen Büchern, welche in dieſer Drachi-
ſchen Buchdruckerey zu Speyer im XVten
und Anfang des XVIten Seculi edirt ſeyn,
etwas näher. Indem aber die zwey
Haupt-Bibliothequen des Raths und Dom-
Capituls allda, in deren einer ſo anderen,
ſamentliche in dem fünfzehenden und nach-
folgenden Jahrhunderten daſelbſt gedruckte
Bücher, ohne Zweifel, aufbehalten gewe-
ſen, in der Franzöſiſchen Zerſtöhrung dieſer
Stadt a. 1689. zu einer Zeit verbrannt
worden, hat man daher keine Hülfs-Mit-
tel mehr hohlen können, ſondern ſolche auf-
ſerhalb ſuchen müſſen. Und obwohlen in
Reichs-Ständiſchen offenen und Privat-
Bibliothequen bißweilen ein ſo anderes
Buch aus der Drachiſchen Druckerey vor-
kommt; So war es doch nicht hinlänglich
ein

ein Verzeichniß daraus zusammen zu brin=
gen: hingegen dieselbe in denen Büchereyen
derer Stifter in mehrerer Zahl anzutreffen,
als in der Dom=Capitularischen zu Maynz,
in der Closter=Bibliothec zu Heylsbronn, in
des Stifts zu Landau, welche der Herr
Dom=Pfarrer Bischleb zu Speyer an sich
gehandelt, und damit seinen vorhin schon
sehr ansehnlichen Bücher=Schatz vermeh=
ret hat, die allermeisten aber in der sehr
ansehnlichen mit meist alten und raren Bü=
chern gezierten Bibliothec der Commende
des Malthefer=Ordens zu Straßburg als
einen rechten Vorrath der Speyrischen
Editionen ersten Drucks zu finden.

Der bekannte Johann Nicolaus Weiß=
inger, deme diese Bibliothec, zu Verferti=
gung seines Armamentarii Catholici offen ge=
standen, hätte von denen Gelehrten noch
iniges Lob mit bekannt machen und Aus=
zügen so vieler raren und unbekannten Bü=
cher verdienet, deren Ausgaben vielleicht
onsten noch lange verborgen geblieben wä=
ren, wann er es bey denen gewöhnlichen
Anzeigen derer Schriften aus dem XVten
Sec. würde belassen, und woferne er an=
erst sich mit Controversien noch weiters
elustigen wollen, solches mit mehrerer Be=
scheiu

scheidenheit würde bewürket haben, anstatt
er in diesem Werck alle seine vorherige Lä=
sterungen gegen die Lehrer der Evangeli=
schen Kirche, noch einmal und zum letzten
besiegelte. Zu meinem Vorhaben aber
konnte mich der hierinnen befindlichen und
angezeigten Speyrischen Schriften wohl
bedienen, ohne welchen hie gefundenen
Vorrath meine bereits gehabte Samm=
lung sehr unvollkommen hielte, und diese
bekannt zu machen, einen Anstand gefun=
den hätte, ob zwar deren wohl noch einige
zurück geblieben und in Clöster oder ande=
ren Bibliothequen versteckt seyn möchten,
wie dann nicht ausgemacht ist; ob nicht
zwischen a. 1475. bis 1477. noch mehrere
Bücher zu Speyer gedruckt worden? so
finde auch in a. 1492. und 1493. nichts ge=
drucktes, es müßte dann in diese Jahrgän=
ge ein so andere Bücher einfallen, wo Drach
das Jahr nicht beysetzen lassen, wie davon
hie und da in der Verzeichniß anzutreffen
sind, darum mit deren Angab mir annoch
eine besondere Gefälligkeit erwiesen würde.

Indessen ist aus gegenwärtigen Bey=
trag zu entnehmen, wie viel noch an vollstän=
digen Annalibus Typographicis abgehe und
zu wünschen: daß aus mehreren Städten,
wo=

worinnen in dem XVten Jahrhundert
Druckereyen gewesen, derley Ver-
zeichniſſe aufzubringen möglich wäre,
wovon zugleich der Nußen denen Bü-
chern und gelehrten Lexicis, das
Vergnügen aber allen denjenigen zu-
flieſſen würde, welche an der Littera-
tur ihr Belieben finden, und dergleis
chen Nachrichten zu ſchätzen wiſſen,
derley Bemühungen ſich bereits ver-
ſchiedene groſſe und gelehrte Leut
unterzogen haben, und darinnen würck-
lich noch begriffen ſind, welchen, wann
gegenwärtige weit nicht beykommen
möchten, denen vorberührten Un-
glücks-Fällen dieſer Stadt und ihren
Bibliothequen, ſofort der nicht mehr
möglichen Ergänzung oder ſelbſtigen
Einſicht, dieſer in aller Welt zerſtreu-
ten Büchern Drachiſchen, und Hüiſti-
ſchen Drucks zuzuſchreiben, ohne wel-
ches freylich noch vieles zu bemercken
vorgekommen ſeyn würde. Derer
bis dato vorgefundenen ſind nun fol-
gende.

Num. I.

Tractatus de quatuor virtutibus 1472
cardinalibus editus & expoſitus ad
B   Ci-

Cives Venetos per fratrem *Henricum Ariminenſem.* Spiræ. fol. absque impreſſoris indicio.

Es iſt dieſes Buch in der Bibliothec des Maltheſer-Ordens-Commende zu Straßburg und des Herrn Schelhorns Superintendenten, in der Reichs-Stadt Memmingen, befindlich, welcher in ſeiner diatriba præliminari ad Cardinalis Quirini librum ſingularem de optimorum ſcriptorum editionibus, quæ Romæ primum prodierunt. et Lindav. 1761. in 4to. pag. 28. in num. 27. von dieſem Buch anmercket, daß es noch zu denjenigen gehöre: qui typis ſculptis mobilibus excuſi ſunt, zu deſſen Beweiß, derſelbe Fig. III. die folgende Zeilen am Ende des Buchs in Kupfer ſtechen laſſen: Tractatus pulcherrimus de quatuor Virtutibus cardinalibus, per fratrem Heinricum Ariminenſem ad Venetos editus totam fere Philoſophiam moralem complectens una cum exemplis & hiſtoriis tam ex divinarum quam humanarum ſcripturarum autoribus ſumptis ad conficiendum arengas collacoes

&

& fermones utiliſſimos arte impreſ-
foria Spiræ artificiofe effigiatus feli-
citer explicit. Den Druck dieſes
Buchs beſorgete und verſahe er mit
einem demſelbig vorgeſetzten Regiſter
D. Thomas Dorniberg de Memmin-
gen, von welchem berühmten Mann
in dem Leben Lehmanni p. 140-142.
beſondere Nachricht gegeben, und un-
ter andern angemercket, daß er Rector
der Univerſität Heidelberg, Chur-
Pfälziſcher Canzler und viele Jahr,
Raths-Advocat zu Speyer geweſen,
auch daſelbſt a. 1496. geſtorben ſeye.
Inter ſeinem vorgedachten indice
ind folgende Worte zu leſen: omnes
aque virtutum cultores pro bene
Ctis gracias deo referant. Et ſi quid
iinus bene ordinatum invenerint,
idulgenciam præſtent. Et non li-
oris aculeo ſed caritatis zelo in me-
us reforment que completa eſt hæc
bula remiſſoria per me Thomam
orniberg antedictum de anno Do-
ini Milleſimo quadringenteſimo
ptuageſimo. Ipſa die Sancti Mar-
ii pape. Er ſelbſt verfertigte und
ß in dieſem Jahr in Druck ausge-
n: Areolam ex Suaviſſimis ſaluti

fe-

ferisque floribus gloriofi Confefforis
B. Hieronymi. Romæ. 1472. fol. Vid.
Fabricii Bibliothec. med. & infimæ
Latinitatis, T. II. p. 184. Ferner

Compendium Theologicæ Veri-
tatis a. 1473. fol. fine loc. & Impreff.
In der Vorrede nennt er fich Decre-
torum artiumque liberalium Docto-
rem & Confulatus infignis civitatis
Spirenfis Advocatum, und läßt fich
am End alfo vernehmen: fufcipite
igitur quæfo omnes Theologicæ Ve-
ritatis fideique Catholicæ amatores
hunc librum animo grato, gratias
agentes cuncti potenti Deo, cujus
munere & fingulari adjutorio hæc
ego Thomas Dorniberg præfatus fe-
liciter perfeci & complevi Anno
MCCCCLXXIII. in Vigil. S. Barth.
Apoftoli. Herr Superint. Schel:
horn fetzet auch diefes Buch dict. diatr.
fub Num. 28. gleich dem vorigen un:
ter die Zahl der mit ausgefchnittenen
beweglichen Buchftaben, gedruckten
Büchern, obwohlen nun in diefem des
Druckers Nahme nicht zu finden; So
zweiffle doch gar nicht, daß es Peter
Drach gewefen, und damit den An-
fang

fang seines Drucks in Speyer gemacht
habe: der D. Dorniberg aber, seine
in eben diesem Jahr edirte Areo-
lam &c. in Rom drucken lassen, mag,
entweder sich an dem Päbstlichen Hof,
noch mehrers bekannt zu machen, oder
weilen Ihn, der Speyrische Drucker,
so bald nicht fertigen können, besche-
hen seyn. Wo hingegen sein Com-
pendium Theologicæ veritatis de
a. 1473. die Presse verlassen habe? ist
noch ungewiß, doch wahrscheinlich,
daß es auch zu Speyer gewesen, und
es sich auch also wie mit dem Tractat
des Heinr. Ariminensis verhalte.

Von denen nachfolgenden drey
Jahren bis ad an. 1477. finde kein zu
Speyer gedrucktes Buch. Zwar möch-
te es hier, meinen Verzeichnissen an
der Vollkommenheit ermanglen, für
welche ich gar nicht stehe; jedoch die
Vermuthung auch einigen Platz fin-
den, daß die Speyrische Pressen da-
rum geruhet haben, bis der Peter
Drach seine Druckerey also in den
Stand und genugsame gegossene
Schriften zur Hand gebracht, um sol-
che mit allem Nachdruck fortsetzen zu

B 3

kön-

könnеn, welcheß аuch von a. 1477.
biß in das XVIte Seculum von Jahr
zu Jahr fast unausgesetzt erfolget ist,
wie die fernere Verzeichniß bewähret.
Diesem nach kam a. 1477. heraus.

Num. II,

1477 *Werner Rolfinckii de Laër, fascicu-
lus temporum. Spiræ.* 1477. *fol.* omnia
antiquorum chronica complectens
per fex ætates mundi digeftus ab or-
be condito ad fua usque tempora S.
ad annum 1474. *ad calcem:* finita eft
hæc impreſſura cronice Carthufien-
fis, quæ fasciculus temporum dicitur,
juxta primum fuum exemplar, per
me *Petrum Drach, Civem Spirenſem,*
Anno Domini MCCCCLXXVII.
octavo Calendas Decembr. cum in-
fignib: Impreſſoris.

Diese sind zwey zusammen gebun-
dene Schildlein, rechtß mit einem
Drachen, linckß mit einem Bäum-
lein, zu deſſen beeden Seiten ein
Stern, in der Form und Gröſſe,
wie des Fauſt und Schöfferß, fin-
den ſich aber nicht in allen deſſen
Büchern.

NuM

Num. III.

Vocabularius utriusque Juris. Spi- 1478
ræ 1478. 4to. per Petr. Drach. finit
feliciter opus egregium Vocabularii
Juris utriusque, impreſſum inſigni
civitate Spirenſi, per Petrum Drach
ſub anno Dominicæ incarnationis
M.CCCC.LXXVIII.

᛫ Subjecit denuo ſua inſignia Typo-
graphus.

Num. IV.

᛫ *Leonardi de Utino, St. Th. Doct.* 1478
Ord. Prædicator. ſermones aurei de
Sanctis. Spiræ. 1478. fol. per Petr.
Drach.

Concluſio: Finiunt aurei ſermo-
mones de Sanctis per anni circulum
elegantiſſimi, Sacre Theologie Pro-
feſſoris, Fratris Leonardi de Utino
ordinis Prædicatorum, jam denuo
corrccti & cum tabula nova invento-
ria poſt poſita, arte & induſtria Petri
DracheCivisSpirenſis impreſſi ſub an-
no ſalutis noſtræ MCCCCLXXVIII.
7. Vdus Februarii.

ſign. typogr.

𝕭 4 Num.

Num. V.

1478 *Breviarium Spirenfe* juffu Revmi.
Epifc. Mathiæ. Tom. II. Spir. 1478.
in 4to per Petr. Drach.

Num. VI.

1479 *Magiftri* Joannis Nideri ord. Præ-
di ator. fermones totius anni de tem-
pore & de Sanctis cum quadragefi-
mali. Spiræ 1479. fol. per Petr.
Drach.

Conclufio: Præfens hoc opus fer-
monum aureorum, totius anni de
tempore & fanctis, una cum quadra-
gefimali: quibusdam extravagantI-
bus annexis, Sacre pagine Profeffo-
ris eximii Magiftri Nyder, ord. Præ-
dicatorum. Divino fuggerente fpi-
ramine imprimendi arte transpictum
ac alia poft impreffionem diligentia
poffibili (præter tabulam ob tempo-
ris penuriam) revifum & denuo cor-
rectum. Ad honorem cuncti po-
tentis Dei confummatum & perfe-
ctum in celebri Spirenfium urbe
factore Petro Drach cive inibi. Anno
Domini Millefimo quadringentefimo
feptua-

septuagesimo nono tredecima die mensis Novembris.

junct. armis Typogr.

Num. VII.

Angelus Aretinus ad Instituta. So- 1480 lennis & aurea famosissimi legum Doctoris Angeli de Gambilionibus de Aretio ad Institutiones S. super omnibus Institutionum libris lectura. Impressum in insigni Spirensium urbe, factore Petro Drach cive inibi. VIII. Kalend. Marcij feliciter. Amen. 1480. fol.

Num. VIII.

Petri Aquilani Minoritæ, quem 1480 *Scotellum vocant, Quæstiones in IV. Libros Sententiarum* D. *Joh. Scoti.* Spiræ per Petrum Drach. 1480. fol.

ad calcem duo versus ultimi:

Hunc studiose tibi gaudet cudisse libellum Spirensis Civis Drach Petrus arte sua.

Hæc editio est prima, altera Venetiis de a. 1484.

B 5   Num.

NUM. IX.

1481 *Clementinæ Gloffæ Andreæ.* Clementinarum hoc opus præclarum in inclita Spirenfium urbe impreffum. Factore Petro Drach. inibi Cive. Anno MCCCCLXXXI. xxi. die Septembris feliciter eft confummatum, fol.

NUM. X.

1481 *Decretalium liber fextus, una cum apparatu Johannis Andreæ,* factore Petro Drach *Juniore.* Spiræ 1481. 17. Aug. fol.

NUM. XI.

1481 *S. Bernhardi Clarevallenfis Sermones de tempore & Sanctis.* Spiræ. 1481. fol. per Petr. Drach.

NUM. XII.

1481 *Johannis Caldrini Juris Canonici Doctoris Tabula autoritatum & fententiarum Biblia quæ in decretorum & decretalium compilationibus folent induci. fol.* per Thomam Dorniberg de Memmingen ejusdem facultatis Doctorem eximium correcta & per Petrum Drach, Spirenfem Impreflorem forem impreſſa exactiſſime, Anno MCCCCLXXXI. explicit feliciter add. Inſign.

Num. XIII.

Portii Azonis' Icti. Clariſſimi Summa **1482**
extraordinaria. fol.

Ad calcem libri legitur: Explicit ſumma extra ordinaria ſuper inſti-tutis maxima cum diligentia *Spiræ* impreſſa. Anno! Milleſimo qua-dringenteſimo octogeſimo ſecundo per me Petrum Drach civem Spi-renſem.

c. inſign. Typogr.

Num. XIV.

Summa Azonis ſuper Codicem. **1482**
fol. per Petr. Drach.

Num. XV.

Pauli Winfridi S. Caroli M. Homi- **1482**
liarium. Spiræ 1482. fol.

Num. XVI.

Roberti Halicot lectiones ſuper ſapien- **1483**
tiam Salomonis. Spiræ fol. 1483. per Petr. Drach.

Num.

Num. XVII.

1483 *Richardi de Buri Dunelmenſis Epi-*
ſcopi Phylobiblon de queremoniis libro-
rum omnibus literarum amatoribus per-
utile . Spiræ. 1483. 4to. Johann Con-
rad Hiſt.

Pretioſiſſimum hocce opuſculum,
multis literis, tam græcis quam la-
tinis, illudque optimis fratribus
Johanni & Conrado Hiiſt, inclytæ
Spirenſis urbis librariis ad excu-
dendum miſſum. Idibus Januar.
Anno MCCCCLXXXIII.

Hier kommen zwey neue Spenri-
ſche Buchdrucker zum Vorſchein, wel-
che ſonſten ganz unbekannt waren,
ſich auch von Ihnen zu Speyer ledig-
lich nichts vorfindet. Sie werden
hier Librarii genennet, deren folgen-
de Bücher aber bezeugen deutlich,
daß ſie zugleich Impreſſores, alſo um
dieſe Zeit ihre Druckerey, neben der
Drachiſchen die zweyte zu Speyer ge-
weſen, mithin eben ſo wohl und mit
dem Peter Drachen, bemercket zu
werden verdienen: allermaſſen eben
dieſes allegirte Buch, das rareſte un-
ter

allen hier vorkommenden sey̋n
chte. Wir laſſen ihre Bücher mit
ter denen Drachiſchen fortlauffen.
ie haben nur Quartanten gedruckt,
nn in Folio, der Zeit, keines vorge=
mmen iſt.

Ihre Nahmen ſtehen theils ohne
nterſcheid Johann Conrad Hiſt bey=
ummen, theils auch nur der Conrad
der das C. alleine. Samentlich hie
orkommende deren Schriften, ſind
1 der Bibliothec der Malthheſer=Or=
ens=Commende zu Straßburg be=
halten. Joh. Alb. Fabricius hat von
dieſem vornehmen Gelehrten, Königs
Eduardi III. in Engelland Hof=Canz=
ler, in Bibl. med. ævi, Tom. I. p. 842-
44. eine beſondere digreſſion gemacht,
und ſamentliche Editiones dieſes
Buchs, worunter die Speyriſche die
erſte, wie auch den Innhalt aller Ca=
pitel angezeiget. Ingleichem Gund-
ling in Hiſtor. Lit. cit. edit. & tomo
p. 1906-8. dieſem Autori einen
eigenen §phum gewidmet und die
Seltenheit dieſes a. 1343. geſchriebe=
nen Buchs, von allen bisherigen
Auflagen bemercket.

NUM.

Num. XVIII.

1484 *Herpf v. Herphonis Henrici, ordinis
Minor. fermones de Adventu.* Et pri-
mo de Adventu *Chrifti* Domini ad
judicium. Quod præcedit triplex
difceffio ab Imperio, ab Ecclefia, à
fide. Cum indice copiofo & præfa-
tione Anonymi ad Petrum Drach,
Typographum Spirenfem, cujus in-
fignia habentur ad calcem operis. fol.

Es verbient auch zu der Ehr und
Nachruhm diefes Buchführers, den
Auszug diefer Vorrede hier einzu-
verleiben, worinnen derfelbe dem
Drachen ein Denckmal alfo geftif-
tet hat:

Res mihi admodum jucunda eft,
crebra diligentia & quotidianis im-
penfis librorum copiam uberrime
reddere. Præfertim cum tria im-
primis confueveris: quæ vel Chri-
ftianæ fidei, vel humanæ vitæ mo-
ribus plurimum funt profutura:
afpernari foles, quæ & ego ipfe odi,
lafciva, carnalia, obfcena, quibus
legentium animos letali nimirum
aconito facillime nemo fapiens in-
fici

ci poſſe negat. Ea tu gaudes
ıembranis tradere, quæ ad com-
ıunem utilitatem, & ſalutem ani-
ıarum, ad eruditionem Chriſtianæ
lebis profecto poſſunt attinere...
pero tibi non modo à lectoribus
ratiam, ſed ab immortali quoque
)eo diuturniorem mercedem in
ies referri.

Num. XIX.

Iiſſale Spirenſe. Spiræ 1484. fol. **1484**
Petr. Drach.

Dieſes iſt eines der anſehnlichſten
)rachiſchen Büchern, an Papier
nd ſchönen Littern kein Fleiß noch
oſten geſpart. Am Ende hat er ſein
Bappen auf einer halben Colum-
:, in einem aufrecht ſtehenden
:oſſen Drachen und rother Farbe,
hr nett beydrucken laſſen.

Num. XX.

ıncordantiæ Sacrorum Bibliorum. **1485**
æ 1485. fol. ad calcem libri Epi-
Anonymi ad Petrum Drach,
ıe hujus:

iber magnus, quem Tu impreſſi-
: Tu quoque laudandus, cujus
indu-

induſtria magnis laboribus, immo-
dici fruĉtus ſeſe cæteri poſſe par-
ticipes eſſe gaudebunt. Vale feli-
citer ex Spiris Kalendas Auguſti
Anno ſalutis noſtræ Milleſimo
quadringenteſimo oĉtuageſimo
quinto.

Editio incognita Dno. Fabricio in
Bibliotheca med. & infim. Lat.
Tom. I. p. 1163.

Num. XXI.

1486 *Codex Decretalium Epiſtolarum* una
cum apparatu D. Bernardi, non ſine
exaĉta diligentia, vigiliis, ſtudio &
expenſis Petri Drach civis Spirenſis
eſt conſummata. anno Chriſtianæ ſa-
lutis 1486. Kalend. vero 17. Sept. fol.

Num. XXII.

1486 *Libellus* dans modum legendi abbre-
viaturas in utroque Jure.

Proceſſus Judiciarius eximii Doĉtoris
Juris Canonici Johannis de Ur-
bach (*)

Traĉta-

(*) *Sive Aurpach.* Dann alſo iſt der Nahm, ſeinen
nach dieſer Zeit zu Leipzig, Cölln und Ingolſtadt
gedruckten Schrifften, vorgeſezt, und in dem

ıctatus Præſumptionum.

nma Magiſtri Dominici de Civita-
e Viſentina, qualiter notarii Ar-
:hiepiſcoporum & Epiſcoporum
lebeant notarii officium exercere.

ri Jacobi Doctoris legum monte-
peſſelano tractatus brevis de ar-
bitris.

dnani de Bononia differentia legum
& Canonum.

actatus de tabellionibus per Domi-
num Bar. compilatus. Spiræ per
Petr. Drach 1486. fol. min. in cal-
ce inſignia Impreſſ.

In der Vorrede zeiget Drach den
ndzweck dieſer Sammlung nach den
n einzelen Stücken an: Si te in expe-
C   titum

Jöcheriſchen gelehrten Lexico der Unterſchied nicht
wohl getroffen. Er war aus Leipzig gebürtig,
und deſſen bereits a. 1477. verfertigter Proceſſus
Judiciarius zu Straßburg a. 1499. in fol. und zu
Leipzig a. 1512. cum lectura Jo. de Eberhauſen
in fol. wieder aufgeleget. Nebſt anderen hat er
auch Epiſtolarum Juridicarum, quæ Conſilio-
rum vice eſſe poſſunt libros IV. und ſingula-
rium allegationum libros II. geſchrieben, deren
jene zu Cölln a. 1566. dieſe a. 1575. beede aber
beyſammen zu Ingolſtadt a. 1606. in 8vo. ge-
druckt worden.

titum, agilem, doctumque Practice
juridice executorem juvat evadere
Summa tibi diligentia presens es
opus amplectendum - per ineffabi-
lem induftriam fabricatum - & fi ac-
curatius luftraveris, profecto non
te pigebit laboris & opere, cum te
fentias in utriusque Juris fubtilitate,
in patricinio præftando, in judicio-
rum obfervantia vehementer profe-
ciffe.

in fine huj. præfat.

Vive & vale lector feliciter arripe
pulchrum,
Quod tibi Spirenfis Drach Petrus
dedit opus.

Num. XXIII.

1487 Summa Antonini de florentia.
IV. Volumina. Fol.

Das ſtärckeſte von allen Werckern
dieſer Druckerey: Dann es aus 4.
groſſen Folianten beſtehet, davon
das Ende eines jedeu Theils hier
angezeiget, und dabey zu bemercken
iſt, daß Peter Drach ſich hierinnen
zuerſt virum Confularem nennet.
Die vier Theile dieſes Wercks ſind

ju ungleicher Zeit gedruckt: nehm=
lich ju erst der 4te Tomus m. Febr.
1487. der 2te m. August d. a. der
3te m. Febr. 1488. und der erste
mens. Oct. 1487.

In Fine Partis

Imæ. Vigilanti cura emendate
opera & impensis Petri Drach
Consularis Spirensis civitatis.
MCCCC. octuagesimo septimo
nativitatis Dominice currente
Kalendas Vto. Octobris.

IIdæ. Anno Incarnationis Domi-
nice MCCCC. octuagesimo sep-
timo, augusti vero nonas pridie,
pars summe secunda Antonini -
Spire per Petrum Drach *Virum*
Consularem civitatis predicte
quam diligentissime impressit,
finit feliciter.

Maittaire in Annal. Typogr. p. 123.
oder der Drucker hat gefehlet,
wann daselbst die Ausgab dieses
tomi ad ann. 1477. eingebracht
wird.

IItiæ. Pars summe tertia prestan-
tissimi Antonini florentinensis

C 2   eximi

eximie accuratiffime per providum Virum Petrum Drach *Confularem* Spirenfis Civitatis his ereis figuris impreffa ftudiofiffimeque admodum emendata *MCCCCLXXXVIII.* Sexto Id. Februarii.

IVtæ. Opus quam præclarum quartæ partis fumme Antonini florentinorum archiprefulis. explicit feliciter anno Nativitatis Dominice *MCCCCLXXXVII.* Kalendas vero Martii XIII.

Num. XXIV.

1488 F. Angeli de Clavifio ordinis minorum Vicarii Generalis fumma Angelica de cafibus confcientialibus. fol. opus quoque hoc angelicum arte, opera & impenfis non minimis maxima cum emendatione *Spire* impreffum fuit feliciter. Anno Salutis. M.CCCC.L.XXXVIII. fine ment. Typog.

Fabricius Joh. Alb. in Bibl. Med. æv. Tom. 1. p. 262. hat von dieſer allererſten Speyriſchen Edition nichts gewußt, ſondern die Venediſche d. a. 1490. dafür ausgegeben.

Ob

Obwohlen hier der Drachische Na=
n hinten nicht anstehet, ist doch an
n Druck des Buchs aus dessen Of
in nicht zu zweifflen, dann man
sen gegen die Summam Antonini
halten, und die Littern gleich gefun=
n, nur hat jenes einen kleinern For-
at in Fol.

Num. XXV.

Logica secundum Regentes füm- **1489**
i studii Moguntini in collegio ma-
ri innovate cum vera orthographia
diphtongandi arte diligenter ob-
rvata, à Petro Drach Viro Confu-
ri civitatis *Spiræ*, secundum primam
rrecturam summule fol.

Num. XXVI.

Platea tractatus restitutionum, usu- **1489**
r, & excommunicat: Spiræ fol.
fine Impreff.

Num. XXVII.

Robertus de Licio de Laudibus San- **1490**
orum Sermones. Spiræ fol. Sine
ent. Typogr.

$$\mathfrak{E} \; 3 \qquad \text{Num.}$$

Num. XXVIII.

1490 · *Philipp Bicken Militis Itinerarium terræ Sanctæ,* Spiræ 1490. fol. per Petr. Drach.

Num. XXIX.

1490 *Modernorum Quæstiones ex materia modernorum libri Perihermenias.* Spiræ 1490. fol.

Per Petr. Drach.

Num. XXX.

1491 *Ludolphi Saxonis Carthusiæ Argentinensis alumni,* expositio in Psalterium juxta spiritualem sensum ex Hieronymo, Cassiodoro, Augustino & Petro Lombardo cum præfat. Jac. Wimphelingii Seleftadiensis scripta. ex. Spiris 1491. 8vo. fine Impreff.

Num. XXXI.

1492 Directorium per Dominum Johannem Aurbach egregium Doctorem compositum pro instructione simplicium prespiterorum in cura animarum.

Aus der Vorrede ist zu entnehmen, daß dieses Buch zu Speyer die Presse, zwischen diesen Jahren, oder noch

och vorhero, verlaffen habe; fin=
et fich fonften weder unter deffen
Schriften, noch unter dem Namen
Jrbach oder Aurbach, angemercket.

Num. XXXII.

Iohannis Reuchlin Phorcenſis Legum 1494
Σ. Liber de verbo mirifico. Spiræ.
4. fol. per Petr. Drach.

Editio admodum rara & à nemine,
qui de Reuchlino commentati ſunt,
nemorata. Freytag in Analect.
Liter. p. 767.

Num. XXXIII.

Breviarii ſecundum conſuetudinem 1495
nus Hoſpitalis Hieroſolymitani San-
Johannis. Pars hyemalis & æſtiva-
8vo.

Summa cum diligentia denuo cor-
rectus de hinc ad imprimendum
præſentatus honorabili Viro Petro
Drach Civis nec non Conſularis
Spirenſis, per quem & feliciter
impreſſus & conſummatus. An-
no noſtræ ſalutis MCCCCXCV.
in laudem & reverentiam totius
ordinis Domus Hoſpitalis Hiero-
ſolymitani Sancti Johannis.

C 4   Auch

Auch dieſes Breviarium und deſſen
Edition war dem Herrn Fabricio
nicht bekannt, alſo auſſer der Ver-
zeichniſſe derer Breviariorum. in
Bibl. med. ævi. p. 748. gelaſſen.

Num. XXXIV.

1496   *Joh. Lampshei,* ſive de Lambsheim
Canonici Regularis in Kirſtgarten
prope Wormatiam, ſpeculum con-
ſcientiæ & noviſſimorum; 4to.

ejusdem Soliloquium Regis æterni
ſuperni.

- Soliloquium animæ delicatæ.
- alphabetum exhortatorium.

Impreſſum Spiræ per Conradum
Hiſt Anno Domini *MCCCC XCVI.*
Laus Deo.

Die Jahr-Zahl iſt zwar auf das Jahr
M.CCCC.XLVI. eingedruckt: Alleine
ein ſichtbarer Druckfehler, welchen
der Autor der Hiſtoriſchen Nachricht
von der Buchdrucker-Kunſt, in der
obangeführten Erfurthiſchen Aus-
gab p. 138. alſo bemerckete: Weilen
kein Buch ſich findet, welches mit
metallenen Buchſtaben ordentlich
nach)

ach) der heutigen Art vor dem Jahr
450. gedruckt wäre. Es hat sich
ber dieser hier selbst geirret, indem
r das Jahr M.CCCC.XLV. angie=
et, und hernach vermeynet, es müßte
1.CCCC.LXV. heissen. Allein die=
:s Buch ist auch a. 1465. zu Speyer
icht gedruckt, indeme man in solchem
Jahr von keiner Buchdruckerey allda
twas weiß, viel weniger um selbige
Zeit die Buchdrucker Johann und
Conrad Hist zu Speyer sich aufhielten.
Der Fehler also a. MCCCCXCVI.
nit Versetzung des letzten C. in ein L.
a der Histischen Druckerey gesche=
en, und die Prob hierüber ganz klar.
Dann das nachgesetzte Buch von dem
Ort, Jahr und Drucker eben so wie
ieses sich endiget, welches der Augen=
chein noch deutlicher weisen wird,
venn man beyde Bücher gegen einan=
er zu halten Gelegenheit haben sollte.

Num. XXXV.

Autoritates Aristotelis, Senecæ Boi- 1496
ii, Platonis, Apulei Africani, Porphy-
ii & Gilberti Porritani 4to. Impres-
um Spiræ per Conradum Hist anno
Dni. MCCCCXCVI. laus Deo.

Num. XXXVI.

1497 *Miſſale Moguntinum.* fol. Spiræ per Petrum Drach.

Herr Superint. Schelhorn, welcher dieſes Werck ſelbſt beſitzet, hat den Anlaß dieſes Druckes in ſeinem Diatriba pag. 40. wörtlich aus dem Anhang des Miſſalis ziehen und eindrucken laſſen, benebens bemercket, daß um ſelbige Zeit Peter Schöffer nicht mehr bey Leben geweſen, und darum die Herausgabe an den Peter Drach gekommen ſeyn möchte. Es kan aber auch die Vermuthung hier Platz finden, weilen das von Drachen beſorgte Speyriſche Miſſale a. 1484. Num. xix. ſo vortrefflich wohl gerathen, der Erz-Biſchoff ein gleiches ſchönes Exemplar zu erlangen, den Abdruck Ihme anvertrauen wollen.

Num. XXXVII.

1499 *Vocabularius de partibus indeclinabilibus.* in fin.

ad Dei laudem divæque Virginis Gloriam & honorem Amen. Impreſſum

preſſum per C. (Cunradum Hiſt.)
Anno *MCCCCXCIX.*

Num. XXXVIII.

Libellus de vita & moribus Philoſo
ioruni. 4to. Spiræ. Johann Conrad
iſt. ſin. an.

Num. XXXIX.

Dominici de Sto. Gemminiano Co- 1501
ientarius in VI. decretal. fol. Spire
ier Petrum Drach. ſin. an.

Num. XL.

Miſſale Spirenſe, juſſu Epiſcopi 1501
Matthiæ correctum & ſub Epiſcopo
Ludovico de Helmſtætt completum.
ol. per Petrum Drach.

In fine inſignia impreſſoris auf der
halben Columne mit rother Farb
zwey Drachen recht und lincker
Hand, in länglich Quadrat Linien
eingefaßt, in der Mitte den verzogenen Namen P. D. haltende.

Num. XLI.

St. Bernhardi Clarevallenſis opuſ- 1501
cula, una cum epiſtola ſua ad Clerum
Spi-

Spirenſem, cum commendatione Ci-
vitatis Spirenſis. 4to. Sine impreſſ.

Dieſen Brief lieſet man auch bey
dem Eiſengrein in Chronico Spir.
p. 215. er iſt ein excitatorium zum
Creußzug: add. Simonis Beſchr.
der Speyriſchen Biſchöffen in vita
Sigfridi II. p. 71. und die Lehman-
niſche Chronic L. V. c. 52. p. 437.

NUM. XLII.

1502 *De Nigromonte de jure venandi, au-*
cupandi. 4to. Spiræ. Sin. Typogr.

NUM. XLIII.

1503 *Raymundi Cardinalis Sermo, de or-*
tu, converſatione, virtutibus præclariſſi-
mis & martyrio B. Virginis Chriſti
Sponſi Catharinæ. 4to. Spiræ. Sine
Typogr.

NUM. XLIV.

1503 *Autoritates Ariſtotelis* &c. Summa
cum diligentia reviſæ & correctæ.
Spiræ. Sin. Typogr.

NUM. XLV.

1508 *Franciſci Philelphi opera* ſc. convi-
viorum libri II. de multarum ortu &
pro-

progreſſu diſciplinarum plane aurei.
Spiris. Conradus Hiſtius imprime-
bat. Anno MDVIII. 4to.

Num. XLVI.

Wenceslai Brack Vocabularius. 4to. 1509
Spire. fine impreſſ.

Num. XLVII.

M. Wilhelm Werth Lilium Gram- 1509
matica 4to. Spiræ. Conradus Hiſt.

Num. XLVIII.

Solinus de memorabilibus mundi di- 1512
ligenter annotatus cura Aſcenſii.

Num. XLIX.

Curiositas regia f. Quæſtiones VIII. 1522
Theologicæ à Maximiliano Cæſare
própoſitæ & à Trithemio ſolutæ. fol.
Spir. fine impreſſ.

aliæ editiones ſunt Oppenheimii
1515. Francf. 1550. 8. Duaci
1621. 8. Mogunt. 1605. 8.

Num. L.

Unterricht, wie man das Vatter 1525
Unſer betten ſolle? 8. Speyer. Sin.
Typogr.

Num.

Num. LI.

1527 Sammlung der Reichs-Abschiede, durch Peter Drach, Schultheissen zu Speyer: oder wie der ganze Titul lautet:

Aus Befelch Kayserlicher Majestät Statthalters und Regiments in Heiligen Rich, und mit Kayserlicher Freyheit ist gedruckt diß Buch so inhelt alle und jede des Richs ordnung sampt der gulden Bull und abschnyden, besonderlich auch die artikel und ordnung, so neßin Zeyten auf gericht das Kayserlich Regiment und Cammergericht belangen, wie dann solche zum teyl der abschied des Richstags zu Worms inhalt damit die meniglich bekundigt und gemein werden mögen. zusammen gelesen durch Peter Drach Schultheissen zu Speyer. Fol.

Ort

Ort und Jahr dieſes Abdrucks iſt
ht beygeſetzet, jedoch aus dem vor=
etzten Peter Drachen, ertheilten
wſerlichen Privilegio d. d. Eßlin=
l 27. Jun. 1527. zu entnehmen,
ß die Sammlung in bemeldtem
hr aus der Drachiſchen Druckerey
Speyer gekommen ſeye: dann die=
Beſorgung dem Peter Drachen,
t als Stadt=Gerichts=Schultheiß
, ſondern als einem renomirten
chdrucker daſelbſt anbefohlen, und
um der Nachdruck, binnen 6. Jahr,
10. Marck Gold in dem Privilegio
botten worden.

Es hat ſich dieſe Collectio ſehr rar
ıacht, derer Innhalt aus Herrn
f. Buders amœnitationibus Juris
lici S. R. I. Germanici pag. 4.
beyſetze. Prima conſtitutio eſt
ɛa Caroli IV. Imper. Bulla a. 1356.
nanico idiomate, ſequitur Frid⸗
III. Aug. Reformatio, indeque
nationes in celeberrimis Comi-
Wormatienſibus 1495. imperan-
Iaximiliano I. conditæ, ceteræ
ad decreta usque comitiorum
sbonenſium a. 1527. quibus ſub⸗
;untur variæ Sacramentorum
for-

formulæ à perſonis camerale judi-
cium conſtituentibus præſtandæ, nec
non de nunciorum Judicii Camera-
lis officiis ordinatio.

Peter Drach machte ſich alſo, nicht
nur mit ſeiner vortrefflichen Buch-
druckerey, berühmt, ſondern auch deſ-
ſen Sohn der Schultheiß als Heraus-
geber dieſer erſten autoritate publica,
erſchienenen Collection deren Reichs-
Abſchied bey denen teutſchen Publici-
ſten bekannt: bey welcher jedoch Pfef-
finger in Vitriario illuſtrato, Tom.
IV. libr. IV. Tit. I. §. 104. lit. a. erin-
nert, daß der Inhalt mit dem Titul gar
nicht übereinſtimmete, weilen von Zei-
ten der guldenen Bull bis ad a. 1422.
wo erſt die Sammlung anfängt, vie-
le Reichs-Abſchiede verabfaſſet, hier
aber auſſen gelaſſen worden ſeyen,
welche er loco citato anführet. So
bedauret auch der Herr Reichs-Hof-
Rath Freyherr von Senckenberg, daß
der gute Drach des Kayſers wohlge-
meynte Geſinnung nicht ganz befol-
gert oder befolgen können. Denn er
ſey hauptſächlich der Mann, welchem,
weil er das alte Teutſche geändert
und verſtändiger machen wollen, ohne
es

jedoch recht zu verstehen, ein guter
theil derer nachherigen Fehler, zu
ancken, dahero er vielfältig davon ab=
gangen seye. Vid. dessen Send=
hreiben an Herrn von Ohlenschla=
er, vor der neuen und vollständigen
Sammlung der Reichs=Abschiede de
1747. §. 17. p. 48.

Num. LI.

Gerichts = Ordnung Bischoff 1528
Georg zu Speyer. Udenheim
528. 8vo.

Es ist diese aus Udenheim, hod.
Philippsburg, als dem Residenz-Ort
es damahligen Herrn Bischoffen, ge=
ben: Weilen aber daselbst niema=
n, eine Druckerey gewesen, ohnzwei=
ntlich aus der Drachischen Presse
kommen, und dahero unter dessen
druckte Schriften zu setzen. Dann
war Peter Drach selbiger Zeit, zu=
eich Stadt = Gerichts = Schultheiß
Speyer, mit welchem Amt, die
errn Bischöffe, nach ihrem Einritt,
ien Stadt Speyrischen Bürger be=
nen können, mithin der damahlige
err Bischoff, diesen Druck, wahr=
D   schein=

ſcheinlicher maſſen, dem Peter Drach
anvertrauet hatte. Die Uberſchrift
dieſer Gerichts-Ordnung, iſt fol-
genden Inhalts:

Unſer Geörgen von GOttes
Gnaden, Biſchoffs zu Spyer,
Pfalzgrafen bey Rheyn und Her-
zogs in Bayern rc. Ordnung,
Satzung, und Statuten, wie und
welchen Maß, an Unſern Under-
gerichten und durch dieſelbigen, nun
hienfüro, in rechtlichen Sachen,
biß auf unßer ſelbſt oder Unſerer
Nachkommenden, Enderung und
Widerruffe, gehendelt und vollfa-
ren, auch wie in ettlichen fellen,
punckten und Artickeln, ungeuer-
lich zu urtheylen und zu ſprechen
ſey, und dann ettliche Myßbreuche
abgeſtelt und wie fürther die Ein-
kindſchaffts beredung beſchloſſen
und auffericht ſollen werden.

Als die erſte und älteſte gedruckte
Gerichts-Ordnung in dem Hochſtift
Speyer,

peyer, und wegen derſelben groſſen
eltenheit, dann in hieſigen Gegen=
n ſolche vergeblich geſucht wird, wol=
l wir deren ſummariſchen Inhalt,
r einführen, und zugleich bemer=
n, daß der Verfaſſer alle Puncten,
r deutlich und vernehmlich für die
tift Speyriſche Untergericht und
Dorf=Schultheiſſe entworfen ha=
. Sie beſtehet auß 5. Bogen:
ach obigem Titul folget alſo die
orrede und Ingang dieſer Ord=
ng, auch auß was Urſache die=
be fürgenommen.

Der Artickel ſind 22. jedoch in dem
riginal nicht numeriret, ſonſten
ngehenden Inhalts: -

Wie auch durch wen und zu wel=
cher Zeyt der Beklagte auf anſu=
chen des Klegers inß recht gehey=
ſchen und gelaßen werden ſolle.

Wie die, ſo ins Recht geladen,
und ungehorſamlich außen pleyben,
jnn Koſten verdampt und ferner
auf beger deß Clägers, geladen wer=
den ſollen.

3) Wie es gegen den beclagten und auch hien wiederumb gegen den Cleger, so uff dem erſten Gerichts-tag rechtlich nitt erſcheynnen, gehalten werden ſolle.

4) Von denen Partheyen, ſo in Rechten perſönlich, oder aber durch Jre Antwelde erſcheynnen.

5) Was der Underrichter der Parthey, ſo für eynem andern Gewalt geben will, fürſagen ſolle.

6) Wie vnd was Clauſeln und puncten die dargelegte ſchriftliche Gewelde haben und begreyffen ſollen.

7) Den vnuerfürmündneten Mynderigen ſollen curatores, das iſt Pfleger oder Fürmünder, zum Kriege gegeben vnd verordnet werden.

8) Wie ein perſon für die ander zu clagen oder zu antwortten zugelaſſen, auch des Clegers vnd anderer Perſonen Nahmen aufgeſchrieben ſollen werden.

9) So beyde Partheyen, wie recht erſcheynnen, wie nach gethanen Clage, die Kriegs befeſtigung geſchehen ſolle.

10)λ

) Nach befestigung des Kriegs, so
es begert, wie der Eyd für geuerde,
den Partheyen für gehalten vnd
geschworen soll werden.

) So die Partheyen nit selbst zu=
gegen, wie durch jre Anwelde die
eyde für geuerde geschworen sollen
werden.

) Von Bewerung der dargethain=
den Clage, auch Fürstellung, aäne=
munge vnd verhöre der Zeugen.

) Von Zeugen, so unter des Rich=
ters stabe vnd zwangnüß nit
gesetzen.

) Nottet vnd begriffe obberürter
Compaßbrieffe.

) Von Inraden wieder die gefür=
ten Kuntschaft, auch wie zu recht
beschlossen vnd durch wen die ge=
faßte Vrtheyl außgesagt sollen
werden.

In diesem Artickel, am Ende, ver=
dnet der Herr Bischoff:

„ Und so nach Besichtigung des ge=
„ richt handelß, die Underrichtern

D 3   „ vnd

„vnd gericht der Vrtheyl nit ver-
„ſtändig vnd alſo Ires Ober-
„hobes (*) raths pflegen, ſollen ſie
„nicht deſtomynde die Vrtheyl
„durch ſich ſelbs außagen vnd nit
„der Oberhobe, wie an etlichen
„Orten bis anhero mißbraucht iſt
„worden.

(*) Es war aber der Biſchöfflich-
Speyriſchen Dorfſchaften gleich
derer Städte und Flecken in dem
Speyrgow, von uralten Zeiten
her erkießter Ober-Hof der Rath
und Gerichte zu Speyer, wel-
chen zumahlen jene, bereits in
dem XIII. und XIV. Seculo, nach
Anzeig der noch vorhandenen Ur-
theils-Büchern und vielen Ar-
chival-Urkunden, ſtarck beſuch-
ten, bey welchem Herkommen
auch dieſer Herr Biſchoff, ſeine
Unterthanen belaſſen, nur daß
nicht im Namen des Ober-Ho-
fes, die Urthel eröffnet würden.
Es wolte zwar der Biſchoff Frie-
derich von Boland im Jahr 1294.
ſeinen nächſt um die Stadt gele-
genen

genen Dorfschaften ihr Recht
daselbst zu suchen und zu nehmen,
verbieten; alleine es beschwerte
sich hierüber die Stadt Speyer,
als ein gegen das uralte Herkom=
men lauffendes Beginnen. Wie
dann der Herr Bischoff, indeme
noch in selbigem Jahr zwischen
ihme und der Stadt über andere
Zwistigkeiten getroffenen Ver=
ein, von diesem Verbott abge=
standen, welches sich unter denen
nachgefolgten Herrn Bischöf=
fen, durch häufige Besuchung
dieses Ober=Hofes von denen
Bischöfflichen Dorfschaften be=
währet hat, hier auch die aus=
drückliche Freystellung und An=
weisung Herrn Bischoff Georg
sich vorfindet: add. Lehmanns
Speyrische Chronic Libr. 5. C.
121. Es waren aber der Stift
Speyrischen Ortschaften, diß=
seits Rheins, welche ihr Recht zu
Speyer als ihrem Ober=Hof
einhohleten, nur so viel man noch
weiß: Rheinzabern, Walzheim,
Otterstadt, Hainhofen, Hart=
hausen, Dudenhofen, Berghau=
sen,

sen, von andern Städten und
Flecken in dem Speyrgau besuch=
ten diesen Oberhof: Kayser=
lautern, Anweiler, Lauterburg,
Friesenheim, Haßloch, Billig=
heim, Godramstein, Schwechen=
heim, Heuchelsheim, Danstadt,
Mutterstadt, Wachenheim,
Maudach, Winzingen. Von
über Rheinischen Städten und
Ortschaften im Creichgau erkie=
seten die Stadt Speyer zu ih=
rem Ober=Hof: die Städte
Bruchsal, Durlach, Pforzheim,
Ettlingen: von Dorfschaften,
Weßingen, Langensteinbach,
Ketsch, Jehlingen, Unterödwis=
heim, Massenbach ꝛc. wiewoh=
len man von diesen ein und ander
weiß, daß sie auch andere Ober=
Höfe besucht haben: Aus wel=
chen Ueberbleibslen indessen das
damahlige grosse Ansehen des
Stadt Speyrischen Ober=Ho=
fes ohnschwer zu entnehmen ist.

16) In was Sachen die Appellation
    zugelassen ist.

17) In

7) In welcher Zeit die Appellation anpracht werden solle.

8) Wie die Gericht-Händel gemeßigt und tarirt werden sollen.

9) Wie und auf was Kosten die mangelhafftige Gerichts-Hendel ergenz werden sollen.

o) Von nichtigkeiten der Gerichts-Hendell ersten instanzien.

1) Das Hofgericht soll jerlichs dreymall gehalten werden.

2) Aufhebung aller gepreuche oder Herkommen, so dieser Ordnung zuwynder seyn.

Diese Gerichts-Ordnung ist gegeen zu Udenheim uf Montag nach dem Sonntage Jubilate, im Jare, alß man zahlt nach Christi unsers lieben Herrn Gepurt tausend fünfhundert uch acht und zwenzig.

Hierauf folgen noch drey Bischöffliche Edicte, welche den zweyten Theil dieser Gerichts-Ordnung ausmachen, als

D 5 Erst-

Erſtlich Rathſchläge und Be=
richt wie und welcher geſtalt in etli=
chen Puncten, fellen vnd Artickeln, ſo
in Rechtfertigung gezogen worden,
nach Beſchluß der Sachen vnd Gele=
genheit derſelbigen ungeuerlich zu ver=
theylen vnd zu ſprechen iſt.

Dieſer Rathſchläge ſind ſechs : zum
erſten, So der Cleger Clagt vmb
ſchulden: zum **andern**, umb gefüg=
ten Schaden, an Vihe, Heuſern,
Eckern, Wieſen, Weyngärten, Wey=
hern, Höltzern, Zeunen. ꝛc. zum
dritten vmb betrüge in Kauffen vnd
verkauffen, zum **vierten** vmb ver=
brechung vnd nitthaltung aufgerichter
vertrege, gedinge, zuſage, oder Erle=
digung von Bürgſchaften. Zum
fünften vmb ſchlege vnd verwun=
dung. Zum ſechſten vmb ſchmache
vnd verlezung an Eeren.

Am Ende diſponiret der Herr
Biſchoff alſo:

Da vber dieſe ſechs felle viele unzäh=
liger Sachen anderer Natur teglichs
zu verrechten fürfallen, vnd aber dem
ge=

gemeynen Bürgers und Bäuwers=
mann, was sie yeder Zeyt da under
orteylen sollen, kein sonder Maß zu
geben, oder jnbilden ist, so laßen wir
es derselbigen allersampt und sonder=
halb bey entscheydt der gemeyn ge=
schrieben rechten steen vnd bleyben
vnd wollen das nach außweysung der=
selbigen Rechten daunter geurtheylt
werde.

Die Außfertigung beschahe be=
sonders zu Udenheim ann. & dat.
quo supra.

Zweytens : Wie hinfüro bere=
dung der Einkindtschafften aufgericht
sollen werden, vnd ettlich Mißbräuch
der alten und junr Kindern auch guten
halb abgestellt, vnd die auf Myttel
vnd Wege, den gemeynen rechten
ettlicher maßen gemäß gezogen.

Geben zu Udenheim ut supra.

Drittens : Ordenung belangen
loßung vnnd widderkäuffe verkauffter
gütter. Auch welcher maß die im
Stiefft Spyer vergundt gestatt sol-
len werden.

Datum

Datum Vdenheym auf Montag
nach dem Sonntag Exaudi im
fünffzehen hunderſten vnd acht
vnd zweynkigiſten Jare.

Indeſſen möchte dieſes Buch wohl ei-
nes der letzten geweſen ſeyn, welches
Peter Drach abgedruckt hat, weilen
er etliche Jahr darauf, nemlich a.
1530. geſtorben iſt. Wie dann von
a. 1500. als der Zeit, da er Stadt-
Schultheiß geworden, ſeine Preſſe
ziemlich geruhet hat, welche 20. Jahr
vorhero alſo ſtarck gegangen war:
Wenigſtens weiß ich von denen vor-
geſetzten Schriften de a. 1501. & ſeqq.
nicht gewiß anzugeben, ob ſelbige aus
der Drachiſchen oder Hiſtiſchen Dru-
ckerey gekommen: oder warum gar
kein Drucker unter ſolchen nahmhaft
gemacht worden? Deme aber ſeye
wie es wolle, ſind ſie aus einer oder
andern dieſer zwey Druckereyen, und
gehören noch unter die rare Bücher
und Editionen mittlern Zeit Alters.

Num. LII.

1532 Novum Teſtamentum teutſch von
Jacob Beringio ediret. Mit Figuren.
Fol. Speyer 1532.

Alſo

Alſo iſt dieſes in Georgi groſſen
Bücher-Lexicon Part. IV. p. 200.
ingetragen. Obwohlen mir nun die
erſte Auflage dieſes Teſtaments zu
Straßburg de a. 1527. bekannt war,
ſo wußte doch von einem Umbruck zu
Speyer nichts, bis ich endlich in Herrn
D. Zeltner Unterricht von der alten
und raren Wormſiſchen Bibel p. 29.
erſahe: daß von dieſem zu Straßburg
a. 1527. gedruckten Teſtament noch
eine Edition, und zwar a. 1532.
in eben dem Format und Littern her-
ausgekommen, nur daß man einen
neuen Titul umgeſchlagen, damit es
deſto beſſern Abgang finden mochte.
Es erwehnet aber Herr D. Zeltner,
weder den Inbegriff des Tituls, noch
Orts und Druckers. Weilen jedoch
Georgi dieſe Edition einführet, hin-
gegen derjenigen von a. 1527. keine
Erwehnung thut, ſo finde nicht ſatt-
ſamen Grund davon abzugehen, und
den Ort Speyer aus Irrthum
beygeſetzet zu halten, da die Sache
ſelbſt mit der Jahr-Zahl übereinſtim-
met, und das Buch oder Titul-Blatt,
würcklich a. 1532. umgedrucket wor-
den,

den. Wenigſtens bin ich hierdurch
entſchuldiget, wenn dieſes Speyriſche
Neue Teſtament hier einführe, wel-
ches eben ſo rar, als die erſte Straß-
burgiſche Ausgabe ſelbſten iſt. Wei-
len das Werck einen Speyriſchen Ver-
faſſer und eine ganz beſondere Ein-
richtung, benebens viel curioſes und
merckwürdiges bey ſich hat; auch
umſtändlich und unpartheylich, nir-
gendwo recenſiret iſt, wird es dem Le-
ſer, nicht unangenehm ſeyn, wann
mit ſelbigem dieſe Nachrichten be-
ſchlieſſe. Die erſte Edition hat fol-
genden Titul:

Daß nüev Teſtament kurz und
gruntlich in ein ordnung und
text, die vier Evangeliſten, mit
ſchönen Figuren durch außge-
führt ſamt den andern Apoſto-
len. Und in der Kayſerlichen
ſtat Speir volendet durch Jaco-
bum Beringer Leviten. In
Jahr des heiligen Reichtags
1526.

und

und am ende

Und iſt diß Buch gedruckt in Herr
Jacob Beringers Koſten, zu
Straßnrg, von Johannis Grie=
nigern, uf den Chriſt abent an dem
M. D. und XXVII. Jare, in Fol.
454. Seiten und 65. Kupfern.

Auguſt Beyer giebet ſolches in arca-
nis ſacris Bibliothecarum num. 9.
billig als einen ſehr raren Codicem
an, gehet aber mit deſſen umſtändli=
chen Beſchreibung vorüber. Ich habe
es zuerſt, in der vortrefflichen und
prächtigen Churfürſtlichen Bibliothec
in Mannheim zu ſehen bekommen,
ohnlängſt aber das Glück gehabt, ſol=
ches von Straßburg mit ausnehmend
ſchöner Illumination aller Kupfer, in
die hieſige Raths=Bibliothec zu ver=
ſchaffen. Die ſehr feine Farben und
Verguldung, welche nicht im geringe=
ſten abgenutzet noch verblaßt ſeyn,
macht die Vermuthung, daß dieſes
Exemplar, ehedeme und bald nach
deſſen erſcheinen, auf Koſten eines
groſſen Herrn von einem künſtlichen
Mahler verfertiget worden, als wel=
cher ſeine Kunſt hie und da neben und
unter

unter denen Kupfern, nach eigener
Willkühr, mit eingemahlten Vögeln,
Blumen, kriechenden Thierlein, alle
vortrefflich nach der Natur, hat wol-
len sehen lassen. In der Vorrede
nennt sich der Autor Levit. des me-
ren Thumstifts zu Speyer, von deme
weiter nichts bekannt ist, als daß er
Vicarius bey dieser Dom-Kirche ge-
wesen seye. Diese Vorrede ist sehr
erbaulich und geistreich abgefasset,
und handelt zuletzt von der ganzen
Einrichtung des Wercks. Darauf
folgt ein Register von 9. Bogen, über
die 29. Figuren, die in dem Evange-
lio vorkommen, und was selbige nach
dem darzu gehörigen Text enthalten.
Diese und übrige Figuren, welche
alles, so im Neuen Testament merck-
würdig, vorstellen, sind in einem Holz-
schnitt sehr artig und angenehm mit
vielem Fleiß und Kunst verfertiget,
die zumahlen in unserem Exemplar,
die Gold- und andere der besten Far-
ben, schön erheben. Man siehet da-
rinnen keinen Unterschied mit Linien,
außgenommen in der Offenbarung
Johannis: sonsten alle Historien,
seynd gleichsam auf ein Blatt gewor-
fen.

fen. Nur ist bey einer jeden Figur,
deren 6. bis 12. auf einem Stück oder
Blatt vorkommen, der Evangelist
mit dem Capitel bemercket, aus wel-
chem die Geschichte genommen: Sind
solche von mehreren Evangelisten be-
schrieben, ist dieses mit denen An-
fangs-Buchstaben M. L. J. Marcus
aber zum Unterschied mit R. angedeu-
tet. Gleichet also das Werck einer
Bilder-Bibel, um etwan auch der
Jugend alles desto besser einzuprägen,
und sie zum lesen begieriger zu ma-
chen, oder nach denen eignen Wor-
ten des Autoris: durch solche Figu-
ren, mag man memoriren und in ge-
dechtniß nehmen, was einer list, was
Christus und die Apostel uff erdtrich
gethon haben. Ueber einem jeden
Kupffer sind Reimen vorgedruckt,
welche dessen ganzen Innhalt, und
Buchstaben darzwischen, die die Hi-
storien insbesondere anzeigen. Die
Poesie aber ist nach alter Teutscher
Reim-Art sehr hart, welches der
Verfasser selbst bekennet: In rey-
men gestandt ich, daß der Welt
nach, sie wohl besser mochten sein.

E   Weiß-

Weißlinger hat dieses Neue Testa-
ment in seinem obangezogenen Arma-
mentario Catholico nach der Chro-
nologischen Ordnung ad A. 1527. p.
513. auch eingeführet, solches als
ein sehr rares und denen Gelehrten
unbekanntes Buch angegeben, Aug.
Beyer Libr. cit. hätte zwar von dem-
selben, aber gar nichts sonderliches ge-
medlet, woraus zuentnehmen, daß dem
Weißlinger des D. Zeltners Send-
schreiben, von dem Lebenslauf Jo-
hannis Lufts, der Wormsischen Bibel
und der Beringerischen *Concordanz*
unbekannt geblieben sey. Alleine von
dem Verfasser fällt er nach seiner
Gewohnheit ein liebloses Urtel, nennt
ihn einen neuen Schwärmer selbiger
Zeit, und dessen Werck falsch und
ketzerisch, wovon unten ein mehreres
erwehnen werde. Jedoch gefiel ihm
hieran das äusserliche, und besonders
die erste Figur des Titelblatts, welche
er, wiewohl unvollkommen, auch nicht
sonder Stachel beschreibet, welches
hier vollkommen und nach deren ei-
gentlichen Verstand beschiehet, dann
deren Erfindung, und wohl angebrach-
te Abbilder, in alle Weg angemerkt

zu

u werden verdienen. Ober dieſer
Figur iſt der Titel vorgeſetzten In-
halts in vier Linien. Den übrigen
Raum nimmt das Kupffer ein, wel-
ches Chriſtum als das Brod des Le-
bens vorſtellet. In dem obriſten
Theil præſentiret ſich die erſte Perſon
der Gottheit: deren ausgebreiteten
Mantel zur rechten und lincken zwey
Engel halten. Darunter erſcheinet
in Geſtalt der dritten Perſon, eine
fliegende Taube, welche über dem
Haupt des unter ſelbiger erſichtlichen
Bildniß Chriſti, ſchwebet: Zwiſchen
dieſen beeden Figuren auf der Seiten,
ſind wieder zwey Engel vorgeſtellt,
welche mit denen zwey obern in glei-
cher Gröſſe und Weite ein Quadrat
ausmachen: Der zur rechten hält ei-
nen fliegenden Zettel mit der In-
ſchrift: DIß. IST. MEIN. LIEBER.
SUN. Der zur lincken gleichmäßig
mit einem umwundenen Zettel und
den Worten: DISEN HöRET.
Matc. 3. Marc. 9. Luce. 9. Zur rech-
ten des Bildniß des Heilands ſind
auf einem langlecht viereckigten, mit
Linien angefaßten Denck-Zettel die
Worte auf drey Zeilen zu leſen:

das

das ist das Brot GOttes das
von Himel kumpt, und gibt
der Welt das Leben. Joannis 6.
und zur lincken in gleicher Form ge-
gen über eingedruckt: Ich bin das
lebendig brot wer von diesem
Brot essen würt, der ist in Ewig-
keit leben. Joannis 6. Unten zu Fuß
und diesen zwey Zettlen stehen die 4.
Evangelisten: Zur rechten Johannes
und Lucas einen Korb, und darüber
ein jeder sein Evangelium haltende,
und zur lincken Marcus und Mat-
thäus in gleicher Stellung. Unter
diesen præsentiret sich der Lehr, Wehr,
und Nehrstandt: und zwar zu rechten
der Pabst, seine dreyfache Cron zur
Erd legend, kniend mit aufgehabenen
Händen, hinter ihm Prälaten, ein
Mönch und Nonne, auch also, mit
untergesetzten Worten: Gib uns
heut unser teglich Brot. M. 6.
Lu. 11. Zur lincken der Kayser nach
dem Bildnüß Maximiliani I. wie es
gemeiniglich in den Abzeichnüssen vor-
kommet, kniend mit seiner vor sich
niedergelegten Cron und aufgehobe-
nen

nen Händen, hinter ihm in gleicher
Positur Fürsten und Herren, und zu
hinterst, der Nehrstand, wo ein Bäur-
lein mit seiner Karste hervorsiehet
und unter ihnen die ausgedruckte Wor-
te: HErr gib uns all Wege sölchs
Brot des Lebens. Jo. 6. Vor dem
Angesicht des Pabsts und Kaysers
lieget ein verschlossenes Buch, in
Form einer Tafel, worauf das Zei-
chen *HH* zu sehen.

Zu End dieser Titel-Figur.
Cum Privilegio.

Die übrige Einrichtung betreffend,
sind die 4. Evangelisten von dem Ge-
schlecht JEsu Christi, dessen Em-
pfängniß, Geburt c. an, bis zu sei-
ner Himmelfahrt in eine harmonische
Ordnung mit vielem Fleiß verferti-
get, also daß in dem Text jederweilen
die Evangelisten, wo eine Gleichstim-
mung vorkommet, nach deren An-
fangs-Buchstaben bemercket werden.
Aus denen Worten des Verfassers,
„wie er sich dieser Arbeit gedultig un-
„terzogen und zusammen gesetzet, der
„4. Evangelisten Evangelia in einen

E 3   text

„text ordnung und Evangelischen
„Verstand und nichts zu oder ab-
„gelegt den Evangelisten; bit hiemit
„meine Arbeit und Ernst also aufzu-
„men, in christlichem Urtheil rc. „
ist zu schliessen: daß er hierinnen kei-
nen Vorgänger gehabt habe, noch ei-
nes andern Werck da sich bedienet,
sondern diese also eingerichtete Har-
monie seine eigene Erfindung gewe-
sen seye, welche 170. Seiten anfüllet.
Bey denen Evangelisten, finden sich
viele jedoch ganz kurze Rand-Glossen,
in dem Text selbsten auch ziemlich
weitläuffige Anmerckungen, welche
aber durch die kleineste Lettern von
dem Text wohl unterschieden sind.
Die andern Schriften neuen Testa-
ments oder deren Apostel, haben zwar
Rand-Glossen, aber keine Anmerckun-
gen. Auf der zweyten Seite des
letzteren Blats, gibt er einen beson-
deren Unterricht, wegen den einge-
flossenen Druckfehler oder Irrungen:
Seine Worte sind dißfalls sehr be-
weglich: „Mein getreuer Leser
„(schreibt er) und Liebhaber aller
„Evangelischen Wahrheit Christi
„JEsu unsers Heylands, demüthig-
„lich

„ lich ist mein fleißig Bitt durch Chri-
„ stum JEsum, du wollest sanftmü-
„ thig zu Hertzen faſſen, ſo etlich emen-
„ de, du finden möchteſt in dieſem ge-
„ genwärtigen Teſtament buch — und
„ am End: — Ach mein Leſer, nun
„ wolt ich jedoch gern dich warnen,
„ vorm urtheilen und verdammen, wie
„ die Welt dann wol kan. Bit dich
„ inſunderheit fleyßig dafür, beſich es
„ wohl ee dann du urtheilen biſt und
„ ermiß meine ernſtliche Liebe. Ueber-
haupt bewähret all dasjenige, was
von ſeiner Feder, in dieſes Werck ein-
gefloſſen iſt, daß er ein frommer, got-
tesfürchtiger, und die Evangeliſche
Wahrheit liebender Mann geweſen
ſeye, welcher das Verderben ſelbiger
Zeiten in Lehr und Leben wohl einge-
ſehen hat. Von jener weiß er keine
andere, als die in dem unüberwindli-
chen Neuen Teſtament Chriſti JEſu
gegründet, und durch das Alt Teſta-
ment befeſtiget iſt. Er beruft ſich
auf aller Menſchen Gezeugniß: „ ſo
„ ye das heilige Evangelium klar und
„ ganz geleßen oder gehört hont,
„ ob doch etwas mangelß ſey in Ge-
„ botten, Verbotten, ſo zu der eer

„Got-

„Gottes und seeligkeit des menschen
„möcht kummen und gehöhren, das
„doch auch im Evangelio nit gewal=
„tig verzeichnet und gemelt seye und
„ist? Fürwar, fürwar, halt die Evan=
„gelische Gebott, du wirst nimmer
„dörffen feyern in guten wercken.
„Deßgleichen in Verbotten, wirst
„auch nimmer on streit und anfech=
„ten erfunden werden hie uf erden.
Seine letzte Glosse am End des Evan=
gelii ist sehr nachdrücklich: „O! JE=
„su, unser aller GOtt und HErr,
„hilf uns dazu, das dein wort, pur,
„reyn furgetragen werd, alß du es
„befollen hast, durch dein heiliges ley=
„den es befestiget und versiegelt, hilff,
„hilff, es thut unß nott. alßdann
„wirstu würcken alzeyt bey unß.
„Dazu helff unß der eynig ewig
„GOtt, Vater Sun und Heyliger
Geist. Amen.

Nun ist annoch zu berühren übrig,
aus welchem Grund und Anlaß,
Weißlinger den Jacob Beringer als
einen Schwärmer und dessen Testa=
ment falsch und ketzerisch benennet
habe? Von jenem Prædicat weiß er
keine

keine Urſach anzugeben, es müßte
dann dieſe, die an dem Beringer aus
allen ſeinen Anmerckungen und Gloſ-
ſen, bemerkte Frömmigkeit und er-
bauliche Schreib-Art, dergleichen
freylich und mit ſolchen Ausdrücken
bey wenig Geiſtlichen ſelbiger Zeit
anzutreffen geweſen, ſeyn: von letzte-
rem aber zeiget er die alleinige Urſach
an, weilen der Text Röm. III, 28. ganz
ketzeriſch lautete: ſo halten wirs nun,
daß der Menſch gerechtfertiget wer-
de, on zu thun der Werck des Geſetz,
allein durch den Glauben: vermey-
nende, daß er D. Luthers zu der nem-
lichen Zeit herausgekommenem neuen
Teſtament gefolget ſeye. Indem
aber dieſes, auf ein ungewiſſes, vor-
ausgeſetzet iſt, vor Luthero das ſola
fides in vielen Biblen und auch teut-
ſchen Ueberſetzungen geſtanden hat,
dergleichen dem Beringer eben ſo
wohl aus einer andern Speyriſchen
Bibliothec ein Exemplar, als des D.
Luthers neues Teſtament in die Hän-
de gefallen ſeyn könne, zumahlen
Weißlinger ihme ſelbſt das Zeugniß
gibt, daß er bey der Empfängniß
Chriſti, fol. 15. a. den Engliſchen Gruß,

gut

gut Catholiſch ausgedruckt, deßglei-
chen 1. Jo. v. 7. von denen 3. Zeugen,
mit Luthero nicht übereingeſtimmet
habe; Hält man benebens den gantz
unterſchiedenen Dialect des Berin-
geriſchen gegen D. Luthers Teſtament
und die mannigfaltige Abweichungen
von deſſen Ueberſetzung gegen einan-
der; So läſſet ſich gewiß nicht be-
haupten, daß Beringer ſeiner Zeit
D. Luthers neues Teſtament, zu dem
Grund des ſeinigen legen, und aus
demſelben das Wort, alleine, neh-
men wollen, welches er bereits in ſo vie-
len andern teutſchen, vornehmlich in
der Nürnbergiſchen von Ant. Kobur-
ger a. 1483. gedruckten Biblen des
fünfzehenden Jahrhunderts finden
und antreffen können: in deren älte-
ſten einer, die Worte: alleine durch
den Glauben, ohne die Wercke der
Ehe, (i. e. des Geſetzes) zu leſen ſeyn.
Vielmehr veroffenbaret Beringer,
daß er nicht durch ein ſimples Nach-
ſchreiben, ſondern durch eine ſeelige
Ueberzeugung ſeines Hertzens alſo zu
dencken bewogen worden, da er in ſei-
ner Anmerckung über den Stamm-
Baum

Baum Chriſti p. XIIII. alſo ſchreibt:
O Welt hie merck wo die Kinder Got-
tes herkommen allein durch den Glau-
ben, gleich wie überhaupt jene aus allen
ſeinen Anmerckungen hervorleuchtet,
nur eine hier anzuführen: p. 92.

O Welt und tauſend Welt ver-
ließ eben des HErrn Chriſt JEſu
Abſchied von dieſer Welt und ſein
ingang, was freud und Woluſt
er bye ye gehabt hat, fürwar, für-
war, dein Hoffart, neyd in allen
Stenden würt ſich hoch verlieren.
Darum bitt ich dich liß oft und dick
das heilige Evangelium, wan es
het ſolche Kraft in leßen und hören,
die kein menſch ausſprechen kan
ewig nit.

So iſt ferner das Buch cum Pri-
vilegio gedruckt und zu vermuthen,
wie wenig ein geringer Vicarius bey
einer Dom-Kirchen es wagen dörfen,
im Angeſicht ſeiner geiſtlichen Obrig-
keit und wie er ſelbſten ſchreibet, des
Heil. Reichtages zu Speyer, etwas
in

in Druck kommen zu laßen, so selbi=
ger Zeit fur kezerisch gehalten worden
wäre. Wie man dann zu Speyer
nicht anders weiß, als daß er in Ge=
meinschaft der Catholischen Kirche
geblieben, auch aus selbiger nicht ver=
stoßen worden seye. Derenthalben
dafür halte, es habe den fleißigen und
frommen Beringer das liebloſe Ur=
tel des Weißlingers, deme Schänden
und Läſtern zur anderen Natur ge=
worden, und also bis an sein Ende
verblieben, wie unzählig vielen von
der Evangelischen, auch selbſten seiner
Kirche, unschuldig betroffen, und daß
der gute Beringer in sein neues Te=
stament nichts einfließen laßen, als
was er einfältig geglaubet und bey
anderen gefunden, mithin nicht beßer
gewußt hat. Ich zweiffele auch nicht,
daß diese seine Arbeit sonder Frucht
und Seegen verblieben seye: dann er
â. 1525. an diesem Buch arbeitete in
welchem die Stadt Speyrische Bur=
gerschaft an die vier Stifter daselbſt
öffentlich gesinnete: daß das Wort
GOttes in allen Pfarren, Clöſtern,
und Kirchen lauter und klar, ohne al=
le menschliche Erdichtungen und Zu=

saß

ſatz geprediget werden ſolle, welches
ſich auch die Cleriſey gefallen laſſen,
vid. Simonis Beſchreibung der Bi-
ſchöffe zu Speyer p. 203. darauf die-
ſes erſte neue Teſtament im Druck
erſchienen, deſſen Verfaßer den rei-
nen und puren Vortrag der Lehre
JEſu und ſeines Worts gleichmäßig
gewünſchet, daß alſo die Verbreitung
dieſes Teſtaments das Werck des
HErrn beförderen und wohl nicht
ohne Frucht in dieſen Gegenden ſeyn
können, bis die reinere und deutliche-
re Ueberſetzung B. Lutheri in ſelbi-
gen mehreres bekannt worden: Wie
denn gar bald darauf in Clöſtern und
Pfarr-Kirchen Prediger in der Stadt
und Vorſtädten auftraten, welche
eines reinen und lautern Vortrags
des Worts Gottes ſich befliſſen haben,
denen alles Volk, mit Verlaſſung ande-
rer Kirchen, bis zu ihrer Ausſtoſſung,
zugelauffen, und dieſes der gewiſſe An-
fang zu der hernach erfolgten öffentli-
chen Annahm der Augſpurgiſchen Con-
feſſion von dem Stadt Speyriſchen
Rath und der ganzen Gemeinde gewe-
ſen iſt, ſo ſich in deren Kirchen-Ge-
ſchichten wohl aufgeſchrieben findet.

Sup-

SUPPLEMENT.

Ad ann. 1486 Jacobi Wimphelingii Schleſtadin. de laudibus & Ceræmoniis Eccleſiæ Spirenſis Carmen ad Ludovicum de Helmſtat antiſtitem Spirenſem Spiræ 1486. 4to. Dieſes Carmen enthält 322. Vers, und findet ſich in des Eiſengreins Speyriſchen Chronic von p. 14. bis 19. einverleibet, wie auch in M. Georg Lizels Beſchreibung der Kayſerlichen Begräbnuß von pag. 13. bis 42. mit deſſen teutſchen Anmerckungen und Erläuterungen voran geſetzet.

Bey-

Beylagen *ad Pag.* 8.

EXTRACTUS TESTAMENTI

Peter Drachs und seiner Ehe-
Consortin, Christinen vom Rhyne,
insbesondere deren nahmhafte Stif-
tung und merkwürdige Ursachen zu
Enterbung ihres Sohns, Thomä
Drachen, Priestern und Capellan
bey dem Stift zu St. Thoma
in Straßburg, enthaltend.

dd. Speyer den 4. 7br. 1503.

Zum Sechsten ist unser letster
Wille und begern das von stun-
den an nach deß ersteren abster-
ben durch das an der so noch im leben
ist gestift und verordnet werde Ein
Ewig singende Meß in der obgemeld-
ten unser cappellen (*) In der Pfarr-
kirchen

(*) Diese der Pfarrkirche ad St. Bartholomæum
angebaute Capelle, lieget dermahlen noch in des
Äsch. Es zeiget aber der Umfang nach denen
noch stehenden Mauren, daß es ehedem ein an-
sehnlich und kostbares Gebäude gewesen seye, wel-
ches die Drachische Eheleute, bey ihren Lebzeiten
verfertigen laßen.

kirchen zu Spier zu der Ere Gottes
vnd unser lieben Mutter mit dem In=
gang Salve sancta parens enixa puer=
pera Regem ꝛc. Vnd sequens Ave
preclara maris stella ꝛc. Nemlich
uff den Donnerstag In der wochen
ewiglichen mit vier Priestern der Ei=
ner celebrirt in Altare vnd die andern
dry singen gar vnd gantz von anfang
biß zum Ende uß, were es aber das
sich mit der Zytt begeben würde das
uff den Donrstag Ein gebante Vigi=
lie oder Vast abend oder sunst in der
Vasten so frolichkeit der Kirchen hien=
gelegt were So sollen die gemelten
priester wie vorangezeigt ist solch Meß
singen de Compassione bte Marie Vir=
ginis mit Ingang und andern Zuge=
herenden Alß den solt Meß leblich
vererdet und uffgericht ist darzusetzen
vnd verordnen wir fünf gulden gelds,
die mit gutten und sicheren vnterpfan=
den verschaft werden sollen.

Zum Siebenden wellen wir
vnd ist vnser ernstlich meynung das
von stunde ane nach des ersteren abe=
sterben gemacht uffgericht vnd gestifft
werde Ein ewig tag und nach bryn=
nend

nende licht jn der gemelten Unßer lie-
ben Frauwen Capellen darzu ſollen
durch vnſere Erben vnd Sele-
wertere drÿ gulden gelds die ſollen
Ein ort gefallen dem Glockener der
die Ampell teglichs anzünnet vnd das
übrig were one ein ort drÿ gulden ſol-
lent werdent vnd geben werden den
Kirchengeſchwornen vor Oleÿ zu der
Ampeln zu kauffen vnd zu ewigen Zÿ-
ten zu brennen die nach notturft ver-
legt ſollen werden.

Zum achten iſt vnſer will vorne-
men vnd meÿnung Thoman vnſern
vngehorſamen Sone zu enterben vnd
enterben Jnen auch hiermit gegen-
wertiglich in crafft vnßers letzten
willens teſtaments vnd Codicill alle
und igliche vnſer gütern ligend vnd fa-
rend ſo wir nach tode verlaßen wer-
den vß und durch Ehehaffte Urſachen
unß billig darzu bewegend hernach
folgend.

Die erſt han wir Jnen gan Hei-
delberg ad Studium gethan, do hat
er ſich one vnſer wiſſen und willen a
ſtudio abe und zu dem Graven von

F   Ca

Caſtell jn Franckenlande gethan da=
ſelbſt er eynen lyblöße gemacht und
derſelbe Grave hat hernach dem Rath
zu Spiern geſchrieben er habe Jme
ein pferdt harniſch und Cleynot em=
pfürt alß gut alß achtzig gulden wert
und der Rath erfordert vnß alß die El=
tern daran zu halten, das Jme ſollich
gelt von vns bezalt und entricht
werde.

Jtem Darnach haben wir Jme
geholffen Jn die Cappellany zu ſant
Thomam zu Straßpurg die Jme
vnſer Vater und Schweher als Le=
hen Herren derſelben Capellanen ge=
lühen haben dabey er nit lang blie=
ben, ſunder hat Eynen ein Pfert ent=
ritten geacht vor dreyßig ſechs gul=
den vnd des wirttes tochter zu Ha=
genau hinder ſich geſetzt und hintwegk
gefürt zu ſchmehn Unſere vnd ande=
rer unſerer guter Frunde vnd mitver=
wandten.

Jtem auch ſeinen Capellan der
die Capellany zu verſehen gehapt hat
gnant Her Heinrich Keller Vicarius
zu ſant Thoman zu Straßpurg Ein
Kiſt uffgebrochen und Sechs ſilberne
Be=

Becher daruß genomen vnd damit
hienwegk gerritten derselb Her Hein-
rich vnß darnach angesucht vnd an-
gefochten hatt Ime solche Becher zu
bezalen, darzu hat Thoman vnß
zu derselbigen Zeit ob achtzig gulden
werth zu Straßpurg entpfürt.

Item Darnach ist er nach vieler
vnd aller hande mißhandellung widder
geyn Spier khommen vnd uns durch
Erberlüte erbetten das wir Ime ha-
ben gelt geben Ein dispensation zu
Rome zu erlangen, alßo ist er widder
heym khommen vnd hat mit Ime
bracht Ein format das er priester
getwyeht sy darauff haben wir Jnen
widder geyn Straßpurg geschickt vnd
Ingesetzt zu syne Pfründe Jnen er-
lich gecleydet vnd Ein Erber Her-
brich vnd Tisch bestalt, damit er seinem
priesterlichen Ampt vnd der Pfrün-
den erlich vorgesin mechte.

Item Das hat nit lang gewert,
ist aber mit schanden uß Straßpurg
gescheyden vnd aber ein Pfert entwel-
tiget vnd hat sich aller Eren erwe-
gen sein priester kleyder vßgethan

F 2   vnd

vnd in Eins offenbahrlich§ lantß
Knechts wyße in der Stadt Spier
gangen vnd im lande offenbarlich lang
Zeit vnverschampt Kriegs leuffe ge=
brucht vns und den vnsern zu schmehe
und schanden vnd in West Flandern
sich der Büberey gebrucht biß er aber=
mals Einen lybloß hat gemacht gnant
Hempell ein Metzler von Spiere.

Item Darnach haben wir Jme
über den Todschlag erlangt mit schwe=
ren Kosten an Unßern heiligen Vatter
dem Babste Alexander Ein dispensa=
tion das er sein Beneficium zu Straß=
purg hat megen behalten vnd darzu
ander ehrlich pfrunden mecht besitzen
und erlich Ampt der Kirchen tragen
Jnhalt derselben Bullen, die er bey
seinen Handen hat.

Item Deßgleichen so haben wir ein
Bull mit mercklichem gelt erlangt am
Cardinal Raymundo de latere das er
sein Capellann zu Straßpurg hat
megen besitzen, davon er zu bekhom=
men hundert gulden hett megen ha=
ben jerlich nutzung.

Item

Item über alles gut so Ime von
vns wie vorbescheen ist er one alle
redliche Ursach vor myn Peter Dra-
chen Huß hiengangen do ich bin ge-
seßen bey Docter Paulus Blentz sich
umbgeworffen sein Meßer gefürt vnd
sich zu mir gethan mich unterstanden
zu schlachen vnd mich der benannt
Docter Paulus In myn Huß Ime
entweltiget vnd alß der benannt
Docter Paulus des morgens Jnen ge-
strafft hat er gesagt wo er Docter
Paulus by mir nit were gewesen so
wolt er mich lybloß gethan und ge-
macht han.

Item Mehr hat er in diesem Jaar
vor Faßnacht mit synen vntwarhaffti-
gen briefen vnß eingenommen one
vnser Befelch willen vnd wißen zu
Heidelberg an gelt und werth andert-
halb hundert gulden von Hanßen des
Pfaltzgraven trompeter und sinem
Sone Jacoben vnd sie der schulden
vnd guter quittirt.

Item an sant Johans Baptisten
abendt nechst verschienen hat er vnß
by nacht in vnser Huß zu Wormbs
gebro-

gebrochen vnd vns ob, achtzig gulden
werth entweltiget vnd die in Kurtz
verthan hat auch mir Petern darüber
getrauwt, wo er mich ankomme, well
er mich vmbringen, vnd das mein
verbrennen.

Item mehr so hat er vns zu mehr-
malen in vnser Huße zu Spier gebro-
chen vnd vnß an Clynot an Büchern
Pferdt und andres entragen ob zweyer
hundert gulden werth.

Item über das alles hat er das
genant Beneficium das myn Peter
Drachen Vatter Jme geliehen hat
vnd ich dieser Zeit lehen Her bin mir
vnd myn nachkhomnen zu abebruch
vnser Lehenschaft verkaufft oder sonst
hiengeben durch sein angeben vnd ver-
willigen vnser Heiligen Vatter der
Babst Alexander angesehen daß es
de jure patronatus ist geliehen einem
genant Silvester zur Klocken Clerigk
zu Spier vnd sich benannter Thoman
berümpt Er well mich vnd mein nach-
kommen vmb solche Lehenschaft brin-
gen Er hat auch sollich Beneficium
zu mehrmalen zu begeben angebotten
vmb

vmb hundert gulden wiewoln er jer=
lichen daruß Jarlichen nußung gehept
vnd mocht bracht haben ob hundert
gulden.

Doch wo ſich begebe das nach vn=
ſerm tode vnd ſterben vnſere Erben
oder teſtamentarŋ villeicht durch ab=
ſterben etlicher Zügen vnd andere
mŋßhelle nicht mechten die angezeigte
Urſach der enterbung wie zu recht
gnug widder Jnen beweŋßen oder
bŋbringen vnd minus legittime ge=
acht werden ſolten oder mechten ſo
verſchaffen ich Jme itzund alß den
vnd dan als itzundt hundert gulden
vor ſein legittima vnd wo ſie nit ge=
nugſam weren ſo ſoll man das erfüllen
uſque ad ſuam legittimam, doch da
von Jme abgezogen ſollen werden ſol=
liche ſchulden die er one vnſere wiſſen
vnd willen uffgehaben ſchaden
gethan und Bücher ver=
kaufft hat.